図解

なるほど！ これでわかった

よくわかる これからの カイゼン

コストダウン・納期短縮など付加価値を生み、
景気に左右されない強い現場づくりをめざす！
中小製造業で効果的なカイゼンの基本と実践

近江堅一
近江良和

同文舘出版

はじめに

近年、人工知能の分野における研究・開発が目覚ましい。自動車の無人運転の本格的な実験が始まっていることは、多くの人が周知の事実である。

セルフガソリンスタンドやＥＴＣ（高速道路の料金自動支払いシステム）、インターネットの通信販売、ネット銀行、ネット証券会社、飛行機や電車の予約システムといった、我々の身近に起きている変化を考えると、**確かに「人」が行なう作業というのは、近い将来、劇的に減少していくことは想像に難しくない**。

このような変化は、製造現場にも大きな影響を与えることになるだろう。加工や組立、検査、移動、管理業務といった多くの工程が無人化され、ロボット化が進んでいくことが想像できる。

そうなると、**差別化する要素がなくなり、どこで生産しても同じということになる**。すると、当然価格が安いところに仕事は集中することになり、価格競争が激化していくことになる。

このような背景から、今、**日本の製造業はカイゼンに、本格的に取り組む必要性**がある。カイゼンすることで、価格競争に巻き込まれたとしても、コストダウンを実現することで、利益を確実に確保することができるようになる。

また、機械やロボットは、同じものを導入することで簡単に真似することができる。しかし、カイゼンを行なう能力は簡単に真似することはできない。つまり、カイゼンできる能力を持つことが差別化要因になってくるのである。

一方で、多くの製造現場では、カイゼンという言葉が既に一般的になってきており、今さらカイゼンをやるという必要性を強く感じないかもしれない。恐らく、多かれ少なかれ、どの企業でもカイゼンを行なっていることだろう。

しかし、日本全国の製造現場を回って感じるのは、カイゼンという言葉だけが先行し、各工場が独自の考え方、やり方で進めているということである。

中には、カイゼンしたということで現場を観察してみると、逆に非効率な結果になっているケースもある。カイゼンを部分的・断片的に理解していると、こういった結果になる場合も多い。最も厄介なのは、**カイゼンしたつもりが悪い結果になっていることに気づいていないことだ。**

そもそも、カイゼンという言葉を体系化しているところはほとんどない。身近な業務を効率化することをカイゼンと呼ぶ場合もあるし、工場の抜本的な構造改革をカイゼンと呼ぶ場合もある。カイゼンというものに対する知識・理解が不足しているのだ。

そして、驚くことに、カイゼンを行なうこと自体が目的になっている工場も少なくない。本書で詳しく解説していくが、**カイゼンは手段であり目的ではない。**「何のために、そのカイゼンを行なっているのか」、「そのカイゼンを行なうことで、どんな効果があるのか」といった質問に適切に答えられる人がどれだけいるだろうか。

カイゼンについて、今一度正しく学ぶ必要がある。そこで本書では、カイゼンを体系的に理解してもらえるように構成している。

第1章では、カイゼンが生まれた歴史的背景、カイゼンの必要性、どのような業種でも共通して行なえるカイゼンの基本的な進め方を示してある。

第2章では、カイゼンによりコストダウンを実現するポイントをまとめている。顧客からの値引き要求がますます厳しくなっていることからも、本章をしっかり理解してカイゼンを推進してほしい。

第3章では、カイゼンによるリードタイム（受注から出荷までの日数または時間）の短縮を実現するポイントをまとめている。顧客からの短納期要求に応えるため、または受注拡大のための短納期を実現したい場合に参考にしてほしい。

第4章では、カイゼンによる品質向上（クレームや社内不良の減少）についてまとめた。

第5章では、カイゼンに使えるさまざまなツールを紹介している。

第6章では、カイゼンに活用できる発想法をまとめている。一見、カイゼン活動と関係ないように思えるかもしれないが、カイゼンと密接に関連してくる内容なので、ぜひ参考にしてほしい。

第7章では、カイゼンによる成功事例を詳しく解説している。

本書は、**規模の大小を問わず、どのような業種でも適用できる内容**となっている。また、新入社員から社長まで幅広い層に理解できるように図解を入れてシンプルに解説している。ぜひ、**カイゼンを網羅的に学ぶテキスト**として活用していただきたい。

近江技術士事務所　近江堅一・近江良和

『なるほど！　これでわかった　図解　よくわかるこれからのカイゼン』目次

はじめに

第1章　管理者のためのカイゼン基礎知識

第2章 「値引き要求」に応えるカイゼン

第3章 「短納期要求」に応えるカイゼン

第4章 「品質向上」のためのカイゼン

第5章 カイゼンに活用できるツール

第6章 カイゼンに活用できる発想法

第7章 カイゼンの成功事例集

カバーイラスト　野崎一人
本文DTP　朝日メディアインターナショナル

【参考文献】

『トヨタに学びたければトヨタを忘れろ　中小製造業のためのムダとり心得50』（近江堅一・寺田哲朗、日刊工業新聞社）
『トヨタに学びたければトヨタを忘れろ　製造業の高レベル目標管理法』（近江堅一・寺田哲朗、日刊工業新聞社）
『トヨタに学びたければトヨタを忘れろ　すぐに「かんばん」をやめなさい』（近江堅一、日刊工業新聞社）
『トヨタに学びたければトヨタを忘れろ　値引き要求・短納期に応える77の鉄則』（近江堅一・近江良和、日刊工業新聞社）
『トヨタに学びたければトヨタを忘れろ　改善の“気づき”力養成法』（近江堅一・近江良和、日刊工業新聞社）
『トヨタに学びたければトヨタを忘れろ　間違いだらけのカイゼン活動 7大盲点』（近江堅一・近江良和、日刊工業新聞社）
『トヨタに学びたければトヨタを忘れろ　モノの流れと位置の徹底管理法 第2版』（近江堅一・近江良和、日刊工業新聞社）

第1章

管理者のための
カイゼン基礎知識

Section 1

カイゼンの知識を深めよう

カイゼンとは？

カイゼンの基礎になっているＩＥの考え方

●カイゼンの意味

「カイゼン」は、製造業をはじめ、多くの業種で共通語になってきた。企業に留まらず、病院や学校、官公庁でも導入され、海外では「Kaizen」という言葉で、世界で通用する日本語の1つになっている。

カイゼンとは、その言葉通り、「**物事を善い方に改めること**」である。現状のやり方よりも、もっと楽に、効率よくするための活動全般を指す。

●カイゼンの歴史的背景

カイゼンは、さまざまな手法や考え方を基礎としているが、まずはそれらの歴史的背景から説明しよう。

20世紀初頭、フレデリック・テイラーが「科学的管理法」を提唱した。作業の手順などを標準化し、経験と勘に頼る作業から脱皮する管理方法である。例えば、作業者がスコップを使う場合、スコップの使い方を細かく決め、1日の作業量を設定する。そして、作業指示を出すことで、生産量は大幅に増加した。

その後、ギルブレス夫妻によって、動作のムダを排除する「動作研究」という方法論が確立された。具体的には、人間の動作は、「サーブリッグ」と呼ばれる動作の基本パターンの組み合わせであることを示した。

例えば、レンガを積む作業を行なう場合、作業者のやり方を細かく動作レベルで観察し、最も効率的なやり方を考案。これを作業者に統一してやってもらうことで、作業効率を大幅に向上させたのである。

●カイゼンの基礎

テイラーの科学的管理法を「時間研究」「作業測定」として、ギルブレスの動作研究を「方法研究」として体系的にまとめたものが、「ＩＥ（Industrial Engineering）」である。

ＩＥには複数の定義があるが、簡単に言うと、「価値とムダを追求すること」であり、カイゼンにおけるさまざまな手法や理論の基礎となっている。

また、ものづくりの最高峰と呼ばれるトヨタ生産方式（ＴＰＳ）にもＩＥの考え方が大きく影響している。

カイゼンとは？

カイゼン＝物事を善い方に改めること

●カイゼンの基礎

ギルブレス
動作研究

テイラー
科学的管理法

↓

IE
(Industrial Engineering)
価値とムダの追求

↓

TPS
(Toyota Production System)
トヨタ生産方式

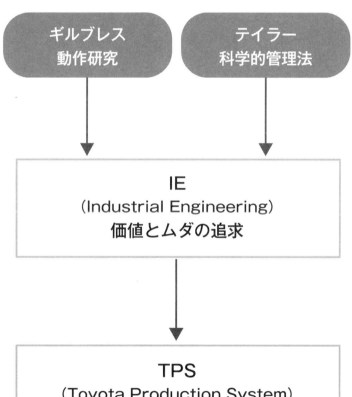

Section 2

カイゼンの必要性

なぜ、カイゼンが必要なのか？

まずは企業経営の考え方を理解する

●経営環境の変化

企業を取り巻く経営環境は常に変化しており、その変化に対応していくことが企業経営の柱となる。ここでいう「経営環境」とは、顧客や競合他社、協力会社といった自社を取り巻く企業体と考えてよい。

経営環境の変化とは、顧客の要求が高度化、複雑化してくることである。具体的には、値引き要求や短納期要請、小ロットおよび多品種化である。

また、競合他社がコストダウンを行なうことで、価格競争となり、製品価格の下落による利益圧迫が起こる。特に、海外との価格競争は日本企業において脅威である。こういった変化に対して、企業は常に素早く対応していかなければならない。

顧客の要求に応えていかなければ、他社に仕事が流れて、売上が下がる。競合他社よりもコストダウンを行なっていかなければ、利益が確保できなくなってしまう。

●企業経営と生物の進化

企業経営は生物の進化にたとえられる。強い者が生き残るのではなく、変化に対応できる者が生き残るわけだ。

恐竜が絶滅した原因は、いくつか説があるが、いずれにしても地球上に起きた「ある変化」に、恐竜は対応できなかったということはいえる。

一方で、その変化にうまく対応して、乗り越えられた生物もいたわけだ。

要は、**変化をうまく乗り越えることが、生物においても、企業においても重要である**ということだ。

●カイゼンの意味と価値

カイゼンをしないということは何を意味するのか？　それは、経営環境が変化しても、自社は変わらないということだ。しかし、恐竜と同じく、どんなに大企業であっても、優良企業であっても、変化に対応できなければ企業として存続できない。

だからこそ、企業は常にカイゼンを行なっていくことが必要なのだ。カイゼンとは、**企業の存続に欠かせない要素**なのである。

カイゼンは企業経営に不可欠

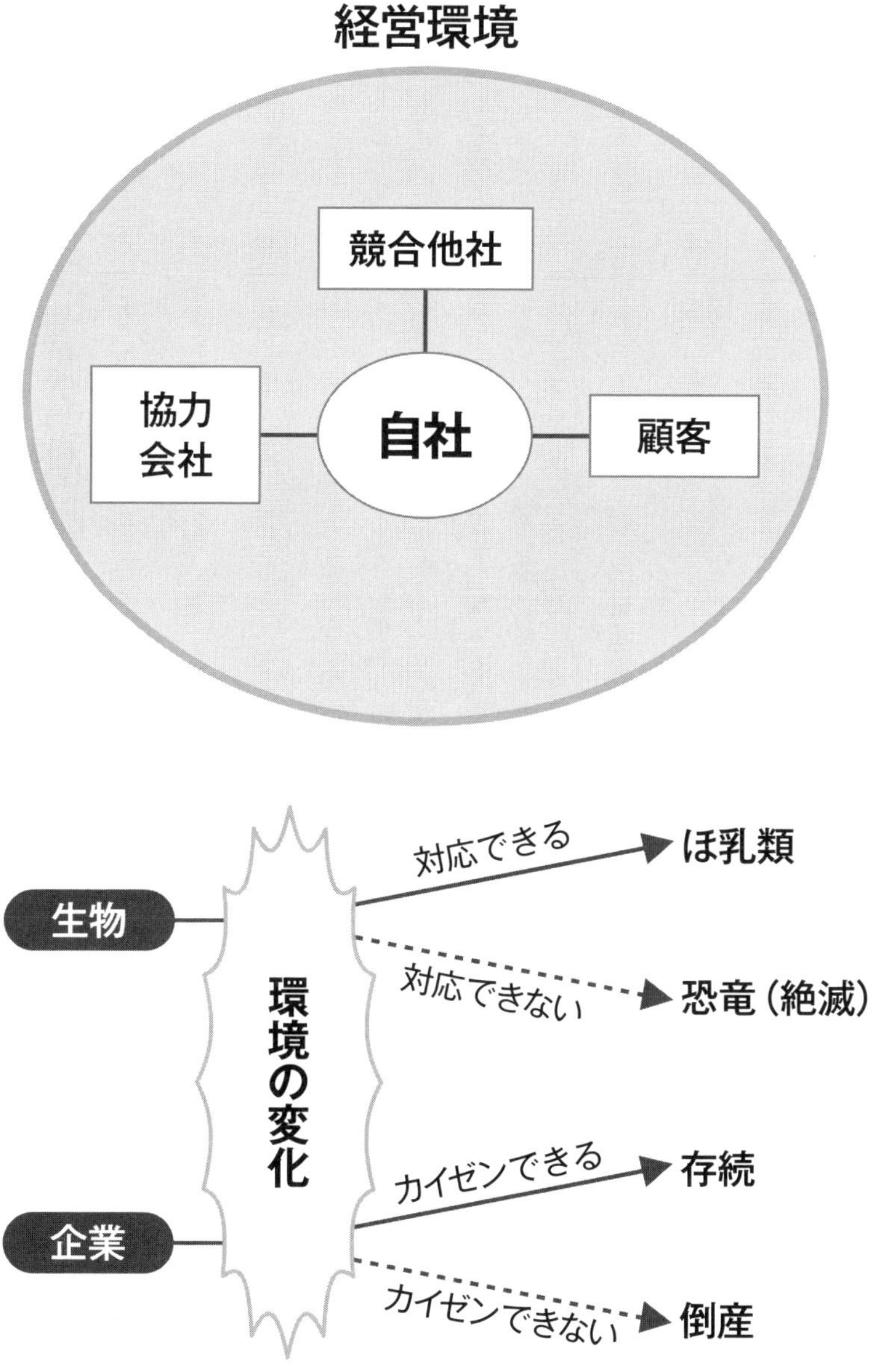

Section 3

カイゼンに関する間違い

カイゼンは手段であり目的ではない

何事も目標ありき

カイゼン活動の実態

何らかのカイゼンを行なっている工場は多いが、ほとんどの場合、カイゼンを行なうこと自体が目的になっている。**カイゼンとは、手段であり、目的ではない**。ここをしっかりと理解する必要がある。まず、何らかの目的があり、その目的を果たすための手段として、カイゼンがあるのだ。

工場管理における目的とは、**経済効果（利益）を出す**ことだ。すなわち、カイゼンとは、「経済効果を出すことを目的として、現在のやり方をより善く改める手段」なのだ。

5SやQCサークル活動などは、その意味ではカイゼンではない。それらは経済効果を目的とするのではなく、作業者の動機付けや働きやすい職場環境づくりを目的としている。もちろん、活動自体を否定するわけではないが、目的が異なるのだ。

カイゼンの目標設定

カイゼンを具体的に進めるには、**明確な目標設定が必要**である。ただ経済効果という目的を掲げても、何からどう進めればよいのかがわからない。だから、まず目標を決め、その目標達成に向けて行動を具体化していくのだ。

例えば、プロ野球なら、目的は経済効果を出すことであり、目標はペナントレースで優勝することだ。

目標設定のポイント

目標設定において大切なのは、**目標に目標値と期限を含めること**である。

目標とは「**達成度が判定可能**」でなければならない。客観的に見て、目標が達成されたのか、されていないのかが判断できなくてはならない。具体的には、数値目標が好ましい（詳しくは、第2章3項「付加価値生産性」）。

また、いつまでに目標を達成するのかという期限をしっかり決めることである。「できるだけ早く達成する」というのは目標ではない。具体的に、「何年の何月までに達成する」と決めておくことである。

目標達成の期限を決めることで、いつまでに何をすればよいかが見えてきて、目標達成を実現できるのだ。

カイゼンは目的を果たすための手段

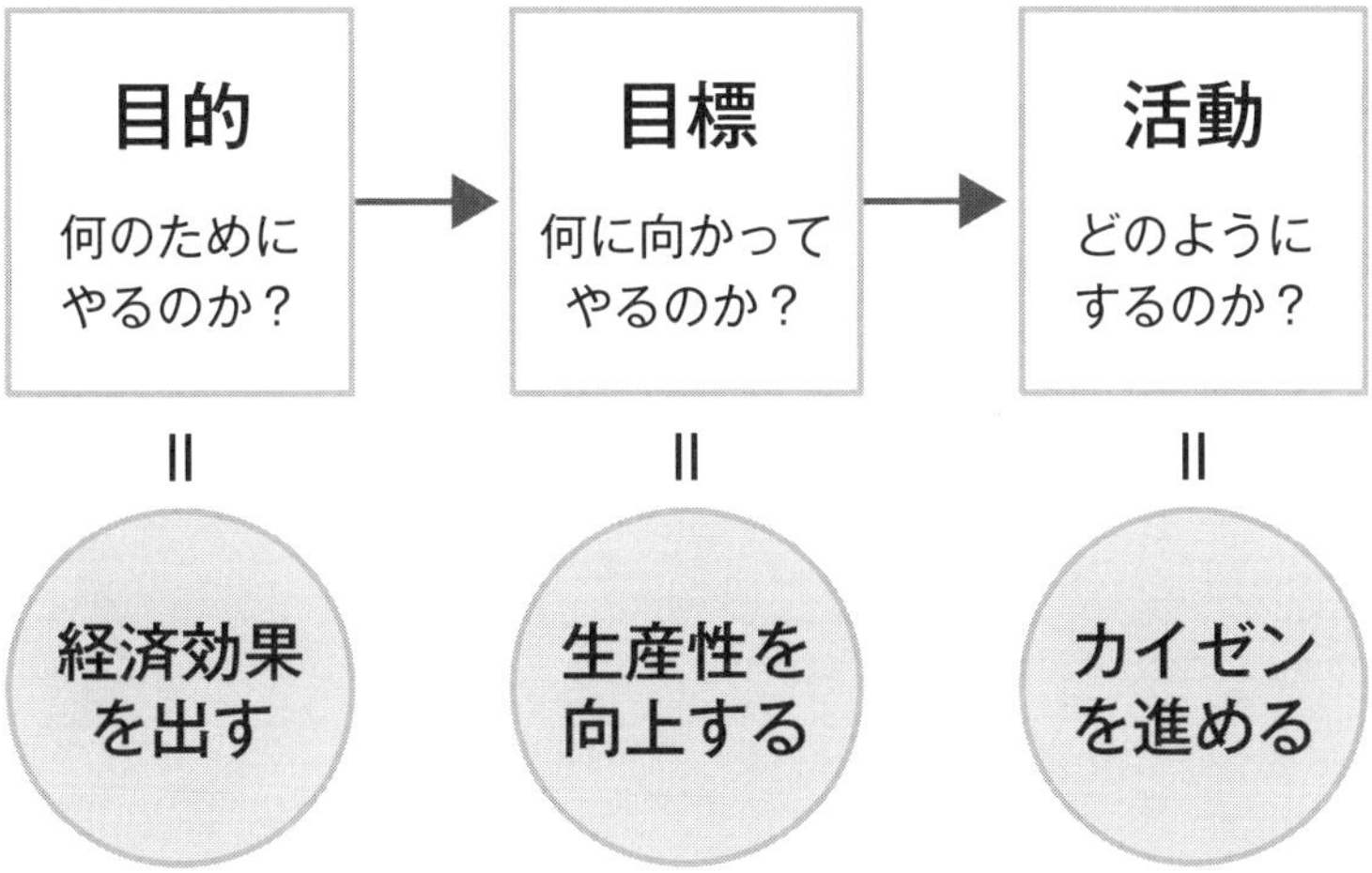

POINT

目標設定のポイントは、「目標値」と「期限」を定めること。明確な目標を立てて、具体的な行動に落とし込もう

カイゼンの準備と人選

しっかり準備してから始めよう

カイゼン活動のキックオフ

カイゼン活動を始めるためには、まずキックオフを行なおう。

キックオフとは、組織のトップである社長から、カイゼン活動の開始を宣言してもらい、全社として取り組む環境を整えることである。

カイゼン活動を行なう意味や目的を、組織のトップから全従業員までが理解し、共有することによって、活動がスムーズに進むようになる。また、不明点や懸念事項などが挙がった場合は、1つひとつ確認を行ない、できるだけ納得した状態で進めるように心がけることが大切である。

ただ、やってみないとわからない点も多くあるので、事前に確認できる範囲に留める。この確認作業自体に時間をかけるのは好ましくない。

カイゼンの目標宣言

カイゼン活動には、前述したように、目標設定が必要である。この目標設定を行なった後、目標達成に向けた宣言書を作成しよう。宣言書を書くことで、目標に対する意識を高めることができる。

宣言書は社長室や食堂など、目につくところに貼っておくとよい。

カイゼン活動の人選

カイゼン活動では、カイゼンメンバーとカイゼンリーダーを選定する。

カイゼンメンバーは、できるだけ若い年代（40代前半まで）から選定する。**若い年代の方が柔軟な発想や斬新なアイデアが出やすいためである。**40代後半以降の年代は、業務経験が豊富な反面、固定観念や思い込みが強く、カイゼンには適していない。

カイゼンメンバーの選定においては、工場の人員の10分の1くらいを目安に招集する。例えば、50名規模の工場であれば、5～6名でよい。

メンバーは、複数部門から課長・主任クラスを選定する。製造部門、品質管理部門、生産管理部門、設計部門、そして営業部門も含めるとよい。

カイゼンリーダーは、将来工場を背負って立つ工場長候補の人材を任命することをお勧めする。

カイゼン活動を始めよう

① カイゼン活動のキックオフ

社長がカイゼン活動の開始を宣言することで、全社として取り組む環境を整える。カイゼン活動の意味や目的を全従業員が理解することで、活動がスムーズに進むようになる。

② カイゼンの目標宣言

カイゼン活動の目標達成に向けた宣言書を作成する。

③ カイゼン活動の人選

活動の中心となるカイゼンメンバーを選定する（工場の人員の10分の１くらい）。各部門から課長・主任クラスを選定するとよい。

活動を推進するカイゼンリーダーとして、工場長候補の人材を任命すると、カイゼン活動を通して、リーダーシップが養成できる。

●宣言書は全員の目につくところに貼り出しておく

宣言書

○○社長殿

平成○年○月
工場長○○ ○○

平成△年△月までに

生産性を25%向上します。

Section 5

カイゼン速度を高めるポイント

カイゼンテーマの選び方

小さいテーマに分割していく

目標展開

カイゼンテーマを選ぶには、まず**カイゼン目標を細かく分解する**ことから始める。

目標を細かく分解することを「目標展開」という。

展開前の目標を「大目標」、展開された目標を「小目標」という。

そして、小目標が達成されることで、どのくらい大目標に貢献するのかをパーセントで示した数値を「**寄与率**」という。

いきなり大きな目標に対して、それを達成させる手段（カイゼン）に取り組んでも成果は出ない。

そこで、大目標に対していくつかの小目標に分解する必要がある。

カイゼンテーマの選定

まずは、小目標を達成させるための具体的計画を立てる。具体的には、「**誰が、何を、いつまでに、どうやるか**」を決める。

小目標達成の計画が立ったら、それを実施するために解決しなければならない課題が出てくる。小目標に対して、何をしなければならないかを細かくリストアップしていくことで、カイゼンテーマが浮き彫りになってくるのだ。

カイゼンテーマが出てきたら、どれから行なっていくかという順番を決める。順番を決めるには、優先順位の基準を明確にする必要がある。

例えば、「段取り時間を短縮する」というカイゼンテーマが挙がったとしよう。

段取り時間とは、製造にあたって行なう機械のセット、工具や治具の準備、加工が終了した加工物の取り出し、次に加工する加工物のセットなどを指す。

段取り時間を短縮する候補として、A製品、B製品、C製品があった場合は、段取り時間の総合計時間が一番長いものから順に短縮のカイゼン活動を行なう。

つまり、効果の高いものから順にカイゼンしていくのである。

目標は分解しよう

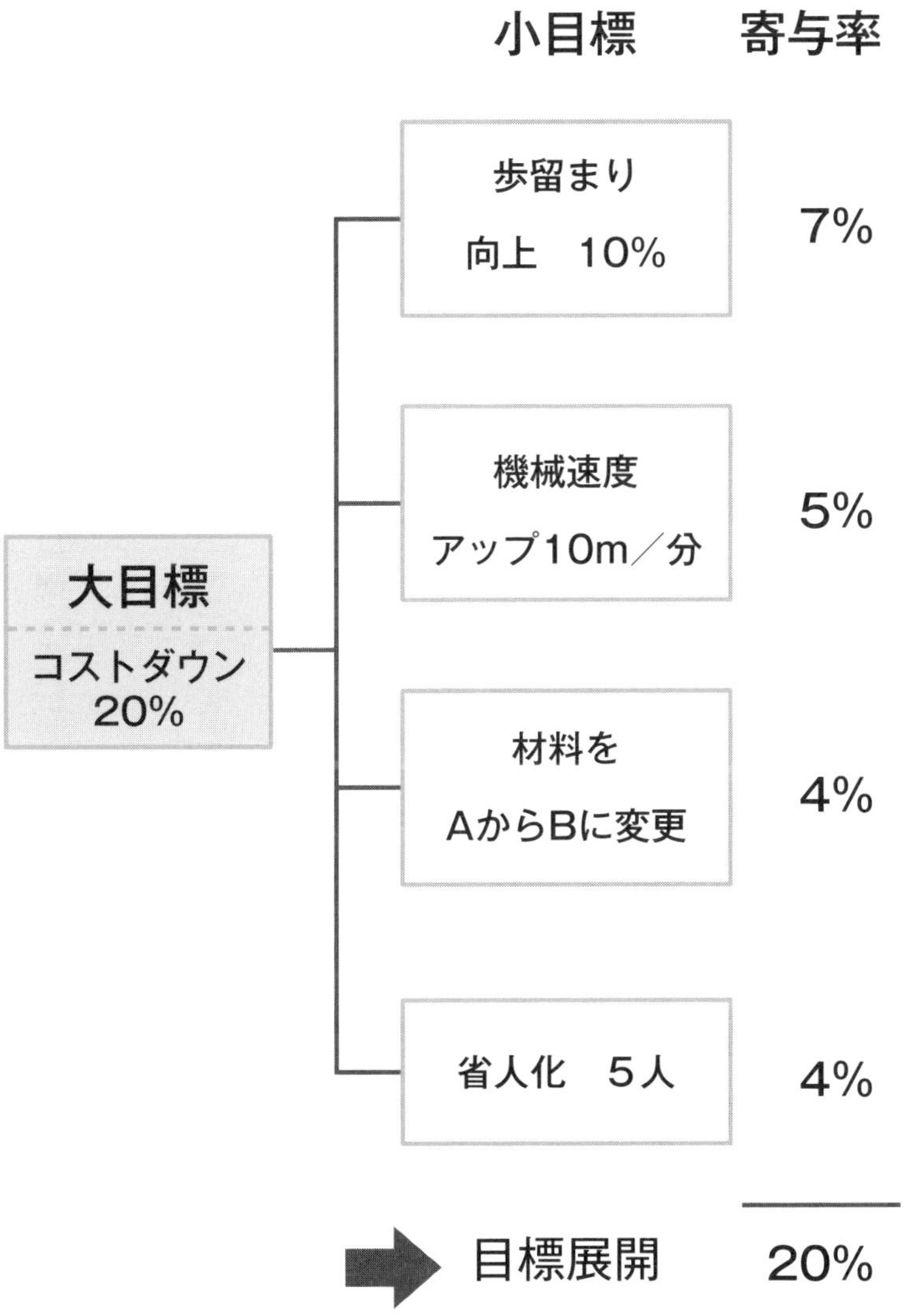

小目標
寄与率
大目標
コストダウン
20%
歩留まり
向上　10%
7%
機械速度
アップ10m／分
5%
材料を
AからBに変更
4%
省人化　5人
4%
目標展開
20%

Section 6

日々のカイゼン時間を創出しよう

カイゼン時間を確保しよう①

カイゼンを習慣づける

●日々の時間創出

管理職やスタッフが、日常業務に追われて1日が終わってしまうのはもったいない。

1日のうち、20%は日常業務から離れてカイゼン活動を行ないたい。

管理者やリーダーは、この時間を「創出」しなくてはならない。具体的には、1日、1～1・5時間をカイゼン活動に投じたい。例えば、毎朝、仕事を始める前に、または前日に、1日のどの時間に1～1・5時間確保（創出）するか、計画を立てるのである。この時間以外は日常業務に埋没して構わない。

また、カイゼン活動に取り組む時間帯は一定でなくてよい。特に決まった時間帯に合わせる必要はないのだ。

しかし、このような進め方ができない人がいるのも事実だ。だから少し考え方の工夫が必要である。

日常業務に忙殺されている人が、たとえ1週間休んでも、会社というのは何とかなるものだ。だから、1日1・5時間、体調不良で休んだり、顧客から急な連絡が入ったと考えればよい。

いずれにしても、1・5時間の時間を創出することを習慣づけていくことが大切だ。

●本日のテーマ挑戦時間シート

1日1～1・5時間の時間創出を行ないやすくするために「**本日のテーマ挑戦時間**」シートを活用するのも1つの方法だ。

この方法には2つの面がある。1つは**時間創出のための計画**であり、2つ目は**何をやるかの中身の計画**である。

この2つの計画をするのが、継続的にカイゼン活動を進める秘訣である。

1つ事例を示そう。この方法を品質保証課の25名のスタッフが実践することで、技術表彰を受けるものが急増した。今まで技術表彰を受けたものはいなかったが、時間創出を始めて1年後に変化が起きたのである。

これは急に技術レベルが向上したからではない。新しいことを検討する時間をつくってやるようにしたからである。

「本日のテーマ挑戦時間」シート

本日のテーマ挑戦時間

平成25年6月1日

氏名　品質保証課　スタッフ
佐藤一郎

取り組み時間	〔予定〕PM1：00～2：00	〔実際〕PM1：00～2：00
取り組み内容	〔予定〕A作業者は製造条件通り作業しているか観察する。	〔実際〕製造条件が温度200℃で行なうとなっていたが、温度範囲が定められていなかった。実際は210℃で行なっていた。
気づいたこと、良かったこと、反省点等	品質保証課で実験し、200℃±5℃の範囲が適切とわかった。製造課長に報告し製造条件を改定してもらった。	

※創出時間は、最小限1～1.5時間確保する（時間帯は各自別々に決める）
※毎朝（または前日の終業時）自分で決め、上司の了解をとる

Section 7

カイゼン時間を確保しよう②

1日改善会の時間を創出しよう

カイゼン道場で鍛える

●週1回の1日改善会

週に1回は、「1日改善会」の時間を確保しよう。

1日改善会とは、著者がトヨタ生産方式の自主研究会からヒントを得たもので、「**1日で大きなカイゼンを行なう**」という意味を持つ。

1日改善会は、1回少なくとも5時間以上の時間をかけたい。具体的には、高い目標（カイゼンのテーマ）を決めて、複数人が集まって集中して行なう。

高い目標とは、それを**設定する時点では、達成の見込みが立っていないもの**という意味である。

設定した目標は、達成するまで強い気持ちでやり抜く。

また、「たら」「れば」を認めない。「こうしたら」「こうすれば」ではなく、具体的なアイデアを出して効果を確認していくのだ。

管理者や監督者（現場リーダー）が、この1日改善会を20回体験すると、意識変化が表われてくる。そして、40回体験すると意識改革が実現するはずだ。1日改善会は、道場で体を鍛えるのと同じように、管理者や監督者（現場リーダー）が毎週1回、発想や考え方を鍛えていく「カイゼン道場」のような場なのである。

●1日改善会のポイント

1日改善会では、いくつかのポイントがある。

①目標の根拠、背景を明確にする（なぜ、今この目標なのか）

②高い目標を決める（達成できるかできないかを考えず、自分たちが目指したい姿を目標に選ぶ）

③時間短縮を目標とする場合は、目標時間を60分以内にする

④目標は達成するまでやり抜く

⑤5時間以上の時間をかける

⑥治工具はその日につくる（最終的に鉄板でつくるものでも、当日はベニヤ板でよいから目標達成できることを証明する）

これらのポイントを踏まえ、1日改善会を開催してほしい。具体的な進め方は次項以降で説明していく。

週１回、１日改善会を行なおう

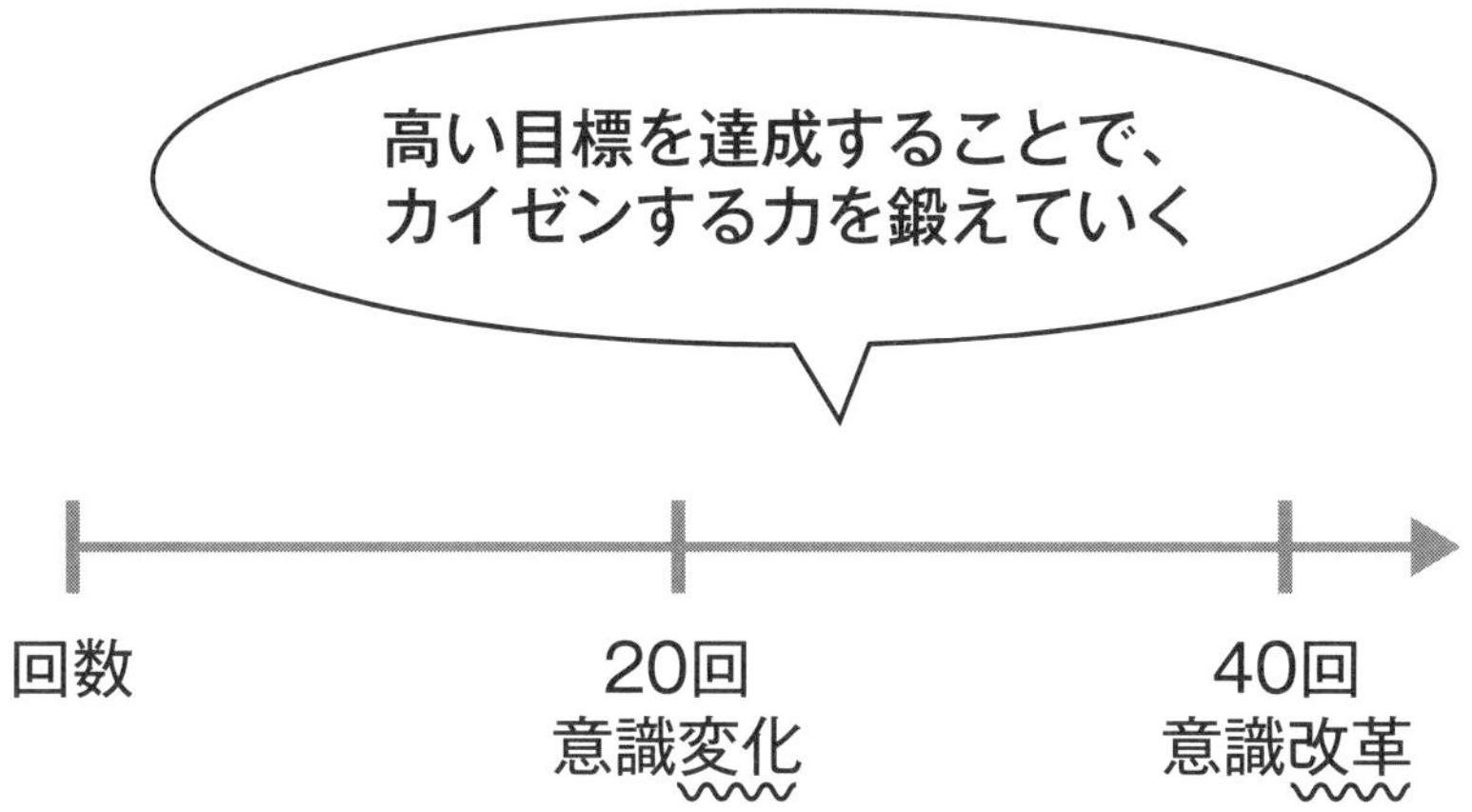

POINT

①目標の根拠を明確にする
②高い目標（達成の見込みがない）を選ぶ
③時間短縮は60分以内にする
④達成するまでやり抜く
⑤５時間／回以上かける
⑥治工具はその日につくる

Section 8

事前準備を整えよう

1日改善会の進め方（事前準備）

皆で協力して準備しよう

●1日改善会当日までの流れ

1日改善会を成功させるためにも、当日までの流れを把握しておこう。

①1日改善会の目標を決める

高い目標を選定し、なぜその目標なのかという根拠を明確にする。

具体的には、目標展開された小目標を達成することに貢献する目標なのか、寄与率が高いのか、優先順位は高いか、などを検証することだ。

この目標は、カイゼンリーダーが決める。

②1日改善会の参加メンバーを決める

選定した目標に応じて、誰を参加させるかを決める。特定の部門に限定する必要はない。

例えば、機械の段取り時間短縮なら、製造部門リーダー、品質管理部門リーダー、機械オペレーター、生産技術部門や検査部門に参加してもらう。

③1日改善会の開催日を決める

金曜日の午後から開催するとよい。もし、1日改善会が長びいても週日の業務に影響が少ないためである。

④生産計画を調整する

1日改善会を行なう日の生産計画に変更が必要な場合、生産管理課と調整する。1日改善会では、**何度も現場で実験を繰り返していく**。だから、該当機械で通常の生産が行なえない。このため、生産調整が必要になるのだ。

⑤部材、部品、工具などの確認

1日改善会で使用する部材、部品、工具などが揃っているかどうかを確認する。当日は実験のために部材や部品を使用するので、多めに準備しておくとよい。

●1日改善会で使う道具

1日改善会で使用する道具を紹介しておく。目標によっては不要なものもあるが、一通り準備しておくとよいだろう。

①ストップウォッチ
②電卓
③カメラ、ビデオ
④ノートと筆記用具

1日改善会の成功させるためには、準備が大切である。しっかりと準備して1日改善会に臨んでほしい。

1日改善会の事前準備の流れ

1. 目標の設定 →
2. 参加者の選定 →
3. 開催日の決定 →
4. 生産計画の調整 →
5. 部材・部品工具などの確認

カイゼンリーダー

POINT

準備をしっかり行ない、当日を迎えよう！

Section 9

1日改善会をやってみよう

1日改善会の進め方（開催当日）

目標達成までやり抜く

1日改善会の開始

1日改善会の当日には、目標とその背景を確認し、役割分担を決める。例えば、段取り時間の短縮の場合、ストップウォッチで時間を測る担当、オペレーターの動き（いつ、どこに、何回、何を取りに行ったかなど）を記録する担当、段取り作業を行なう担当、ビデオ撮影する担当などをあらかじめ決める。

現状確認と検討

担当が決まったら、まず現状把握として、実際の段取り作業を通常通り行なってもらい、その時間を測定し、「作業時間組み合わせ票」を作成する。

会議室に戻り、作業時間組み合わせ票をホワイトボードなどに写し、参加者が全員見える状態にする。そして、どこの作業をどう変えれば、目標時間まで短縮できるかの検討を行なう。

アイデアは、なるべく全員からもらうようにしよう。その際、できるかできないかということを考えず、「もしこんなことができればいいのになぁ」というアイデアレベルで出していく。

アイデアの実験と確認

ある程度アイデアが出てきたら、次に現場で実験を行なう。

例えば、「こんな道具があったら」というアイデアに対しては、代用品で構わないので道具をつくってみる。複数のアイデアを実験する場合は、複数チームに分かれて並行作業を行なう。

実験と測定を行なったら、その結果を作業時間組み合わせ票に記入し、どのくらい時間短縮できたかを確認する。そして、目標達成まで、あとどのくらいの時間を短縮しなくてはならないかを確認し、新しいアイデアを出していく。新しいアイデアに対しても、現場で実験を行ない、結果を測定する。

こういったことを目標達成まで繰り返していくのだ。目標を達成したら、全員で1日改善会のまとめを行なう。参加者には、最後に1人ずつ感想を述べてもらうのがよい。特に、苦労した点や発見した点などを発表してもらおう。最後に、カイゼンリーダーが総評を行なって、1日改善会を終了する。

作業時間組み合わせ票

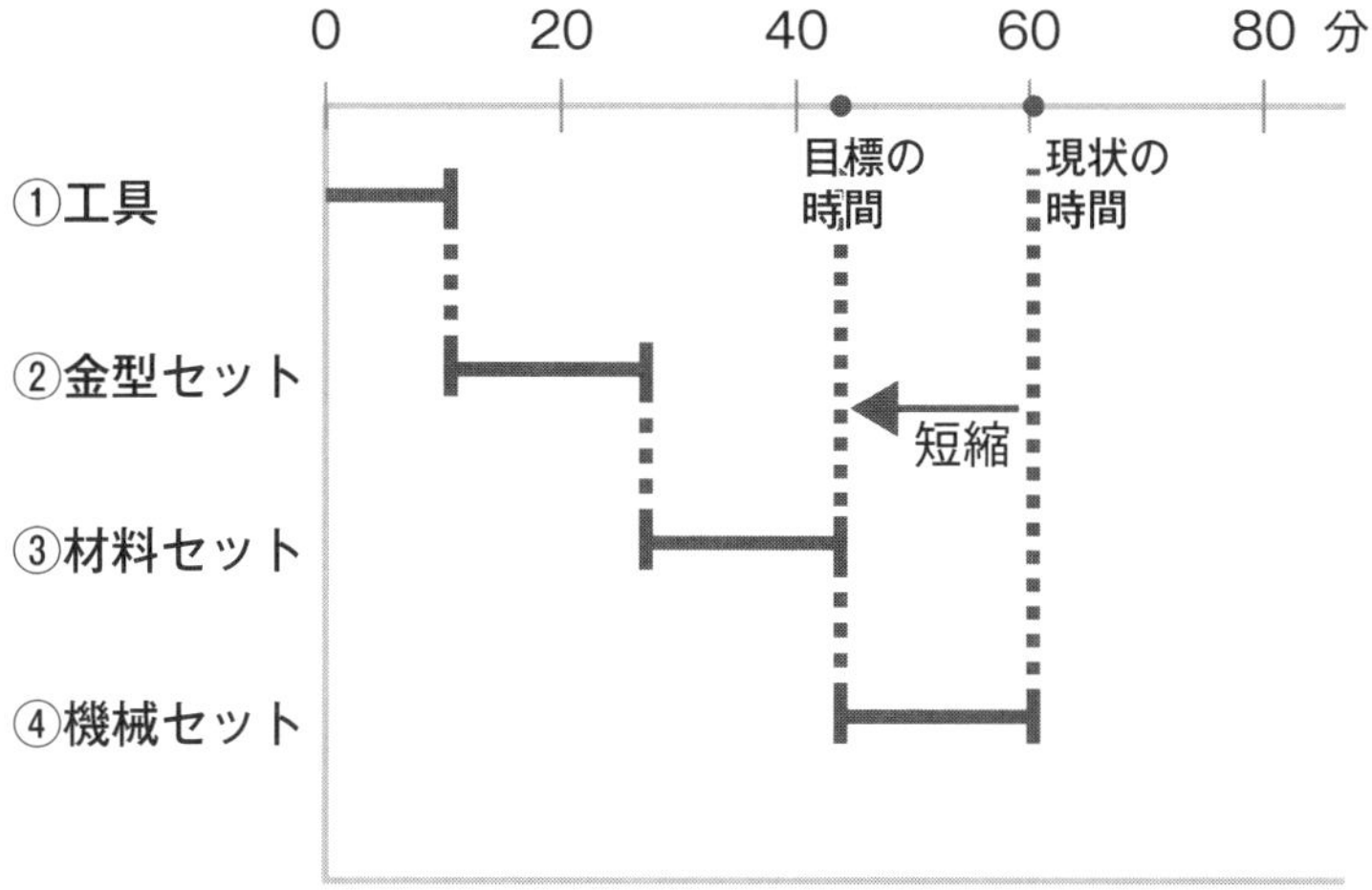

POINT

1日改善会は担当を決めて進めよう

Section 10

1日改善会の結果を残そう

1日改善会の進め方（結果記録）

この記録こそ会社の財産

1日改善会の記録

1日改善会で参加者が出したアイデアは、他の1日改善会にも応用できる場合がある。だから、1日改善会の結果は記録に残しておくとよい。

記録の書式は統一する

1日改善会の結果は、決められた書式に基づいて記入する。**書式に従って記入することで、1日改善会を正しく進められるからだ。**

1日改善会の記録

①テーマの選定理由

なぜ、このテーマを選定したかという根拠や背景を書く。

②日時、構成メンバー

1日改善会を開催した日時と参加者を書く。1日改善会を何時から何時まで行なったかも必ず記入する（何時間かかったのかがわかる）。また、参加者は全員氏名を書いておく。

③目標と達成度

1日改善会の目標を書く。

達成度は、数値で記入する。時間短縮であれば、実際の時間を書く。または、目標に対して何パーセント達成したかというパーセンテージでも構わない。

④現状と問題点

現状確認の時点で、参加者から指摘された問題点や制約事項などを記入する。

⑤改善点、常識打破、発見点

目標達成に貢献したアイデアや発想などを記入する。内容は箇条書きにして簡潔にまとめ、詳細は別紙にまとめておくとよい。なお、別紙は写真や図などを含めてわかりやすくする。

⑥実施事項

1日改善会で決めた事項をいつから実施するかを記入する。

⑦残された改善事項、問題点

1日改善会で目標達成しても残る課題などを書いておく。このとき、いつまでにやるかという期限を決めておくとよい。

⑧反省点、メンバーの感想

できれば参加者全員の感想を記入する。特に、1日改善会を通して考え方に変化が出たことを書いておくとよい。

１日改善会の記録シート

テーマ：プレス金型交換時間の短縮

第○回　１日改善会

1．テーマ選定の理由

（1）プレスの稼働率を向上させる。
（2）段取替えに時間がかかるため、１回の生産ロットが大きくなり、仕掛品が多く、これを改善する。

2．日時と構成メンバー

日時：2015年４月５日　PM2～PM7
構成メンバー：越田、沼崎、村上、黒沢、松田

3．目標と達成度

目標：現状50分の半減、最終は10分以下
達成度：50分→15分55秒

4．現状（詳細別紙）と問題点（悪さ）

（1）ネジによる調整作業が多い。
（2）ものを取りに行くための動線が長く、回数も多い。

5．主な改善点、常識打破、発見点（詳細別紙）

（1）応援のしくみをつくり２人作業化（声に出してさわぐしくみ）
（2）治工具類のレイアウト見直しによる動線の短縮
（3）センサーチェックなどの内段取りを外段取りに変更
（4）２人作業による並行作業
（5）ネジによる調整作業の無調整化

6．実施事項（いつから実施するか。注意ポイントは）

金型高さの調査と敷板（ゲタ）の制作（４月10日）

7．残された改善事項、問題点（いつまでに誰が責任を持ってやるか）

（1）材料通し３分などの改善（４月中に具体化）。
（2）10分以内に完了できるように改善を進める。

8．反省点、メンバーの感想、特記点

パスラインの調整などは、考え方を全く変えたらゼロにすることができた。

Section 11

1日改善会の進め方（心得）

1日改善会の心得を知ろう

考え方で成果も変わる

●1日改善会の心得

1日改善会では高い目標を設定する。だから、固定観念に縛られたり、常識的な発想をしていては行き詰まってしまう。

そこで、1日改善会を成功に導く心得を最後に示しておきたい。これから挙げる心得を守れば、難しい目標であっても必ず達成できると信じて、1日改善会に向かってほしい。

●3つの心得

①すぐやる！

言葉通り、すぐやるということだ。とにかく何事もまずやってみるという姿勢が大切である。すぐやることで、もしダメだった場合でも、次の手が早く打てるのだ。結果として、カイゼンの速度を速めることができる。会議室で議論を続けるくらいなら、現場に出てすぐやってみることが大切だ。

②できない理由より、できる方法を考える

何か新しいアイデアを実施しようとすると、「それは難しい」とか「それは無理だ」といった否定的な意見が出る。

しかし、できない理由を議論することは、1日改善会では無意味である。新しいアイデアが出たら、どうすればできるか、やるためには何が必要か、という考え方を持つことだ。このような考え方を持つことで、従来の常識を破ることができるようになるのだ。

③心配の先取りをするな

何事もやってみなければわからない。しかし、やる前から心配しすぎて結局行動に至らないケースがある。「石橋を叩いて渡る」という言葉があるが、「石橋を叩いて渡らない」という人だ。

1日改善会では、心配の先取りをしないで、もしダメだったら、ダメということがわかったととらえる。やる前から心配してやらずにダメな場合と、やってみてやっぱりダメだったという場合は、同じダメでも意味が異なる。

「石橋を叩く前に飛び込んでみる」というくらいの意気込みが、1日改善会では必要だ。

「石橋を叩く前に飛び込んでみる」の精神で

POINT

① すぐやる!

② 「できない理由」より「できる方法」を考える

③ 心配の先取りをするな

COLUMN 1

カイゼンで売上倍増

カイゼン活動は、どちらかというとコストダウンによる利益の拡大という成果が多いが、売上アップという効果をもたらすケースもある。

神奈川県にあるモーター修理工場は、リードタイムの圧倒的短縮によって売上を倍増した。インターネットのトップページに、「モーター修理10時間以内」というセールスポイントを打ち出したことで、多くの新規受注を獲得することができた。

業種を問わず、多くの工場でセールスポイントを営業担当に聞くと、おおむね「高性能な設備」「対応力」「短納期」といった点に集約される。ところが、高性能な設備は、競合他社が導入してしまったらセールスポイントにはならない。対応力というのは曖昧で、顧客にとってのメリットが伝わりにくい。そして、短納期といいつつも具体的な時間が書けない。セールスポイントがセールスポイントになっていないケースがほとんどだ。

もし、他社にはできない画期的な新製品を持っていれば、セールスポイントになりうる。しかし、そのためには開発に膨大な時間とコストがかかってしまう。

そこで現実的には、他社がマネできないような圧倒的な短納期がセールスポイントになってくるのだ。自分たちのカイゼンによって、短納期は実現できる。

第２章

「値引き要求」に応えるカイゼン

Section 1

利益を生み出す瞬間

利益が生まれる原理とは?

利益を正しく知る

利益を生み出す必要性

製造業においては、顧客からの値引き要請に応えなくてはならない場面が多い。近年、海外との競争も激化し、コストダウンの必要性が増している。

例えば、顧客からの値引き要請が5%だとすると、売上高に対する利益率が5%の場合、同じようなものづくりの方法を続けると利益が出なくなる。もし、利益率が4%なら、赤字に転落することを意味する。

企業は利益を出さなくては存続できない。だからこそ、顧客の値引き要請に応えながらも、利益を出すには、今以上の利益確保が必要になる。

利益とは付加価値

工場における利益について考えてみよう。工場は原料を仕入れて、加工を行ない、製品を顧客へ納入する。原料の仕入れ値よりも納入する製品の売値の方が高い。

なぜかというと、工場で加工をしているからである。つまり、**付加価値をつけているのだ**。

レストランで例えると、仕入れる食材よりも顧客に提供する料理品の方が高い。これは調理という付加価値がついているからだ。

利益を増やすには、付加価値をたくさんつけるようにすればよい。付加価値が増えれば利益が増えるし、付加価値が減れば、利益が減る。

付加価値を増やすには、まず付加価値をつけている意味を正しく理解することが必要だ。

付加価値を生み出す瞬間

左ページの図のドリルを見てほしい。ドリルがワーク(被加工物)に接近している間は、ドリルは空気を切っている。これを**エアーカット**と呼ぶ。エアーカットは付加価値を生み出していない。ドリルがワーク(被加工物)に接触した後、「ガリガリ」と音を立てて、**穴をあけている瞬間のみ、付加価値をつけている**。

工場では必ずどこかで付加価値をつけている瞬間がある。まずこの瞬間をとらえることが、利益を増やすスタート地点となるのだ。

利益を生み出す瞬間

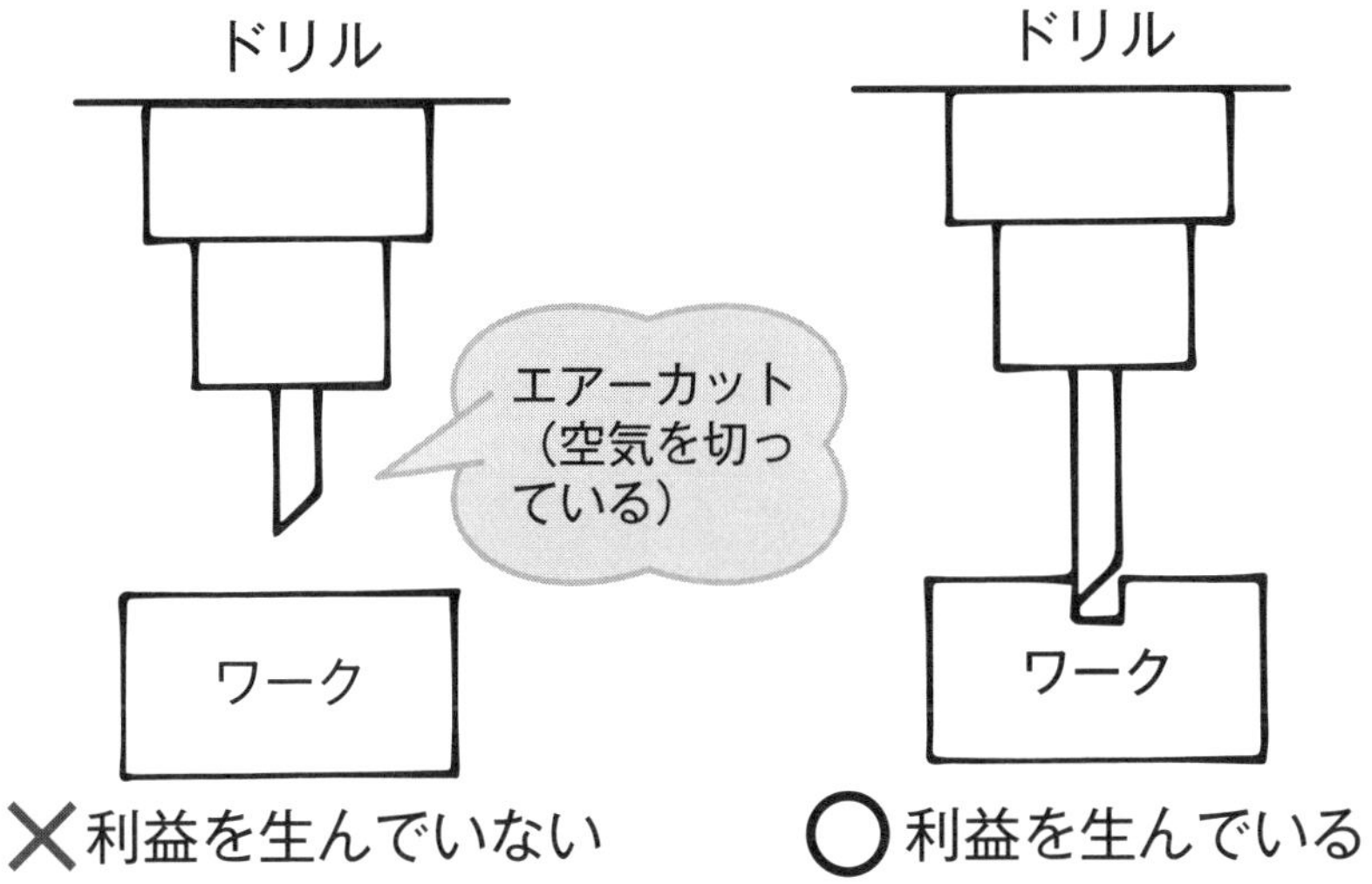
ドリル
エアーカット（空気を切っている）
ワーク
✕利益を生んでいない
ドリル
ワーク
○利益を生んでいる

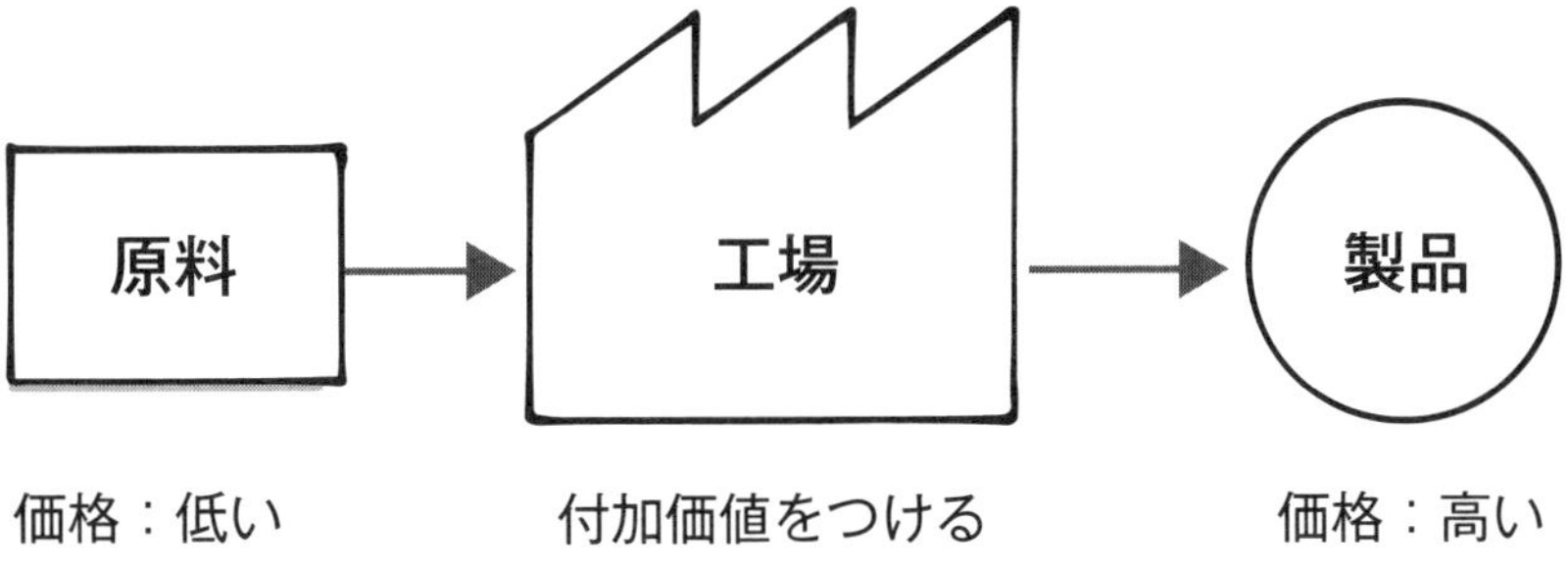
原料
工場
製品
価格：低い
付加価値をつける
価格：高い

Section 2

利益が増える原理とは?

付加価値密度

付加価値が高まれば、利益が出る

●付加価値密度

前項で説明したように、工場には付加価値をつけている瞬間がある。この付加価値をつける瞬間がどれくらいあるかという割合を「付加価値密度」という。例えば、朝から夕方の定時まで8時間の作業時間とし、付加価値をつけている時間の合計が2時間だとすると、付加価値密度は25%（2時間／8時間）となる。

一般的に、付加価値密度は20%くらいといわれる。しかし、多くの工場ではもっと付加価値密度が低いのが現実だ。10%、いや5%以下の工場がほとんどではないかと思う。低いことはよくないことであるが、逆に考えると、付加価値密度を高める領域がまだ多くあるということだ。

●付加価値密度を上げる

左ページ図の「付加価値密度を上げる」を見てほしい。左から右に、時間の流れをとる。1日の作業のうち、付加価値がつく仕事と、付加価値がつかない仕事が交互に起こる。

付加価値がつかない仕事を減らす（やらない、または時間短縮する）ことで、付加価値をつける仕事の割合が増えてくる。このイメージで付加価値密度を上げていくのだ。

付加価値をつけない仕事は、大きく2つに分けられる。1つは稼働中のムダである。もう1つは不稼働中のムダである。

稼働中のムダとは、機械調整による停止、チョコ停（機械が短時間停止すること）、品質不良による停止、材料交換のための停止などを指す。不稼働中のムダとは、準備作業などにより生産が行なわれていない時間である。

図表では、稼働中のムダをm、不稼働中のムダをMで示している。

現場作業を観察し、機械が停止しているのが稼働中のムダであるか、不稼働中のムダであるかを判定してみよう。そして、稼働中のムダを省くにはどうすればよいか、不稼働中のムダを省くにはどうすればよいかを考えてみる。このような視点で、付加価値密度を上げていくのである。

付加価値密度を上げる

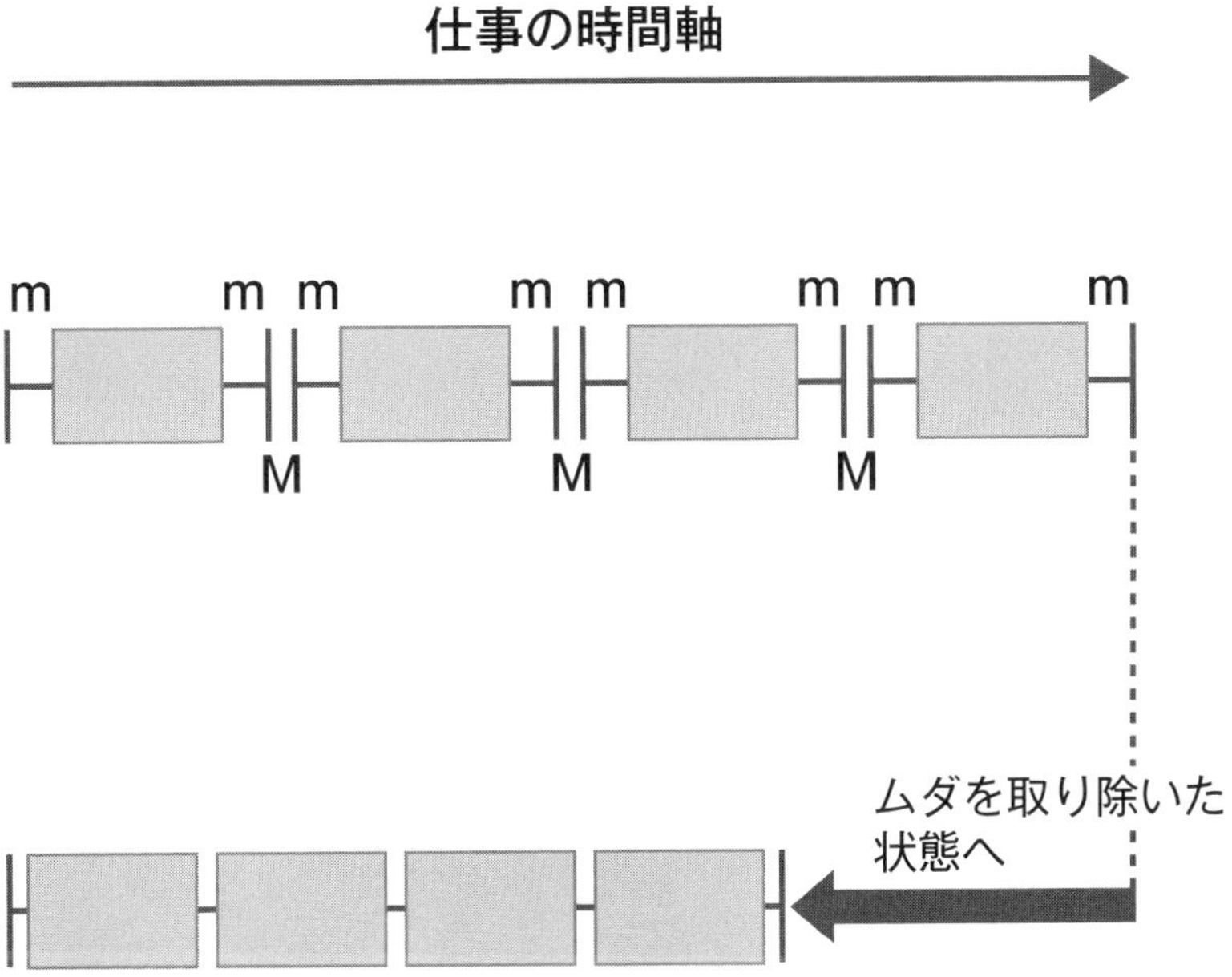

= 付加価値がつく仕事

M = 不稼働中のムダ
(準備作業等で生産が行なわれていない時間)

m = 稼働中のムダ
(機械調整、チョコ停、品質不良、材料交換等で仕事が中断されている時間)

Section 3

工場がいい仕事をした尺度

付加価値生産性

工場が頑張った基準を考えよう

●「いい仕事」の尺度

「あなたは今月いい仕事をしましたか?」

こんな質問をされたらどう答えるだろうか。

管理者に向けて「仕事はうまくいっていますか?」と質問すると、多くの管理者が「うまくいっている」と答える。しかし、続けて「**うまくいっているという尺度は何ですか?**」と問うと、誰も答えられない。

これでは、仕事のやりがいや達成感も生まれないし、適切な評価も行なうことができない。

●付加価値生産性の算出

工場における「いい仕事」の尺度として、付加価値生産性を使うとよい。理由は、どのような業種でも適用でき、計算がシンプルだからである。

左ページ図の付加価値生産性の式を見てほしい。この付加価値生産性は、月ごとに算出する。また、工場単位で算出する。

売上は、工場出荷品の売上金額である。材料費は、その月に購入した材料の合計金額である。外注費は、その月に依頼した外注加工の合計金額である。

売上は工場に入ってきた現金、材料費と外注費は工場から出ていった現金である。

だから、付加価値生産性の分子は、**工場が確保した現金**（工場が生み出した付加価値）ということになる。

一方、分母の総工数は、作業者の働いた時間である。工場が確保した現金を、総工数で割り算をするので、付加価値生産性は「**1人1時間あたりに確保した現金**（生み出した付加価値）」を意味する。

この数値が上がるということが、すなわち、工場が「いい仕事」をしたといえるのだ。

●カイゼンの目標値

カイゼンにおける目標は、この付加価値生産性を使用するとよい。

この数値を25%アップする目標に向かってカイゼンを進めていくのだ。

付加価値生産性の計算式

付加価値生産性（円／人・時） ＝ 売上－材料費－外注費 ／ 総工数（作業者の勤務時間）

例

25％アップとは、付加価値生産性の現状値に1.25を掛け合わせればよい。もし、現状値が4000円なら、4000円×1.25＝5000円となる

大きなムダ（おばけ）を知ろう

JIT（ジャストインタイム）

時間軸の指示を出す

JITとは？

JITとは、Just In Timeの略語である。これは、「必要なものを、必要なとき、必要なだけ、必要な工数でつくる」ということを意味する。

特に、「**必要な工数でつくる**」という点が重要だ。この「必要な工数」という視点がないと、大きなムダを生むのである。

この大きなムダを理解してもらうために、1つ事例を示そう。

「おばけ」とは？

ある工場における印刷工程の事例である。この印刷工程では、1枚印刷するのに18秒かかる。1日8時間作業だとすると、1600枚印刷できるという計算になる。

しかし、1日8時間の作業を終えて、出来高を数えてみると、なんと半分の800枚しか印刷できていなかった。

つまり、**1枚18秒で印刷できるはずなのに、1枚36秒かかっていることになる**。

この理由は、印刷の作業中に作業者が印刷工程から離れてしまうためだ。具体的には、休憩時間以外にトイレに行ったり、たばこを吸いに行ったり、リーダーに相談しに行ったりしている。

こういったムダな時間帯を「おばけ」という。このおばけが、大きなムダとなるのだ。

おばけを退治せよ

工場で働く人は、皆それぞれ忙しそうにしている。明らかにさぼっているような人はいない。おばけは目に見えないのである。

目に見えないおばけを退治するには、「**時間軸」の入った作業指示**を出すことである。

時間軸とは、何時から何時までに、何を何個つくるか、ということだ。

例えば、先の例だと、多少余裕を持たせて1枚30秒とし、1時間に120枚印刷する指示を出す。こうすると、ほぼ予定通りに出来上がる。

結果として、1日8時間で960枚印刷できる（生産性が20％上がる）。

「おばけ」をなくす

JIT＝Just In Time
（ジャストインタイム）

必要なものを

必要なとき

必要なだけ

必要な工数で

●おばけ＝ムダな時間帯

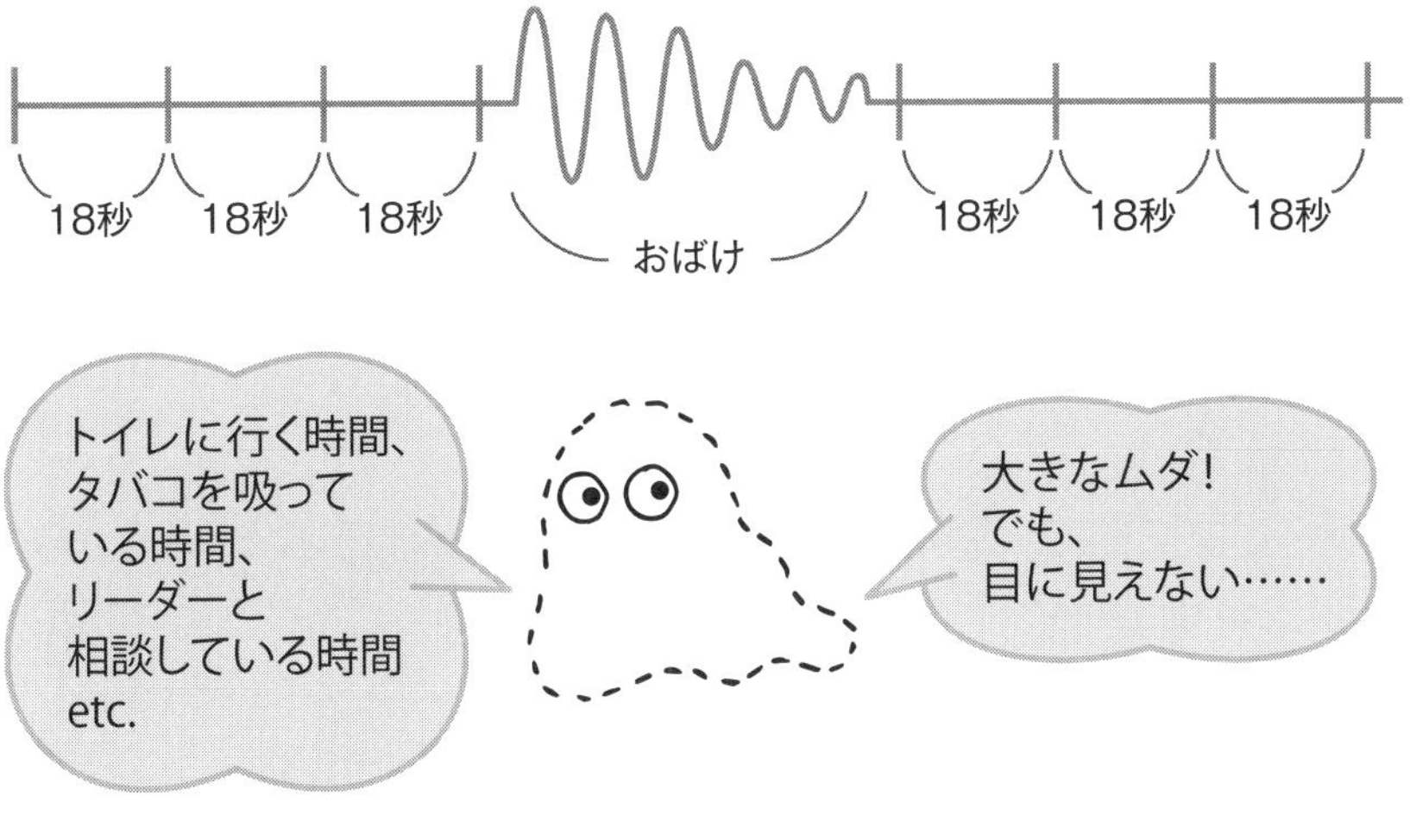

自働化①

機械の仕事と人の仕事を分ける

自働化とは？

自働化は、自「動」化とは異なる。自働化とは、「**機械と人間の仕事を分けること**」である。

そして、「**機械が仕事をしているとき、そこに人間がいたらムダ**」と考える。ここが自働化のポイントである。

機械が稼働して生産活動をしているとき、付加価値を生み出しているのは機械である。稼働している機械に人間が何人ついていようと、機械の生み出す付加価値に変わりはない。

人間が機械の側にいなくても、機械が正常に稼働していれば、付加価値を生み出すのだ。だから、**機械が仕事をしているときに、人がいる必要はない**と考える。

ただ、実際は、機械でものを製造する工程において1人（または2人）が機械を担当することが多い。もし、1人が複数の機械を担当することができれば、少ない人数で製造することができ、生産性が上がる。

この視点で、いくつか自働化のポイントを説明しよう。

2つの少人化パターン

左ページ図「2人作業の1人作業化」を見てほしい。1つの機械を2人の作業者が担当している場合、2人でなければできない作業は何かという視点で作業観察を行ない、この作業を1人でやれないかと考える。

当面、どうしてもその作業時に2人必要なら、2人で作業を行なわなければならない。

例えば、材料が大きく、重い場合は、材料を機械にセットするときに2人必要になることがある。こういった場合は、2人で作業を行なえばよい。

ただ、材料をセットした後は2人でなく、1人で作業を行なうようにする。常時、機械に人がついているのではなく、**必要なときに機械が人を呼ぶ**しくみにするということだ。

次に、左ページ図「1人作業の無人化」を見てほしい。原理は、「2人作業の1人作業化」と同じである。パトライトやチャイムで、機械が必要なときに人を呼ぶようにするわけだ。

少人化のパターン

●２人作業の１人作業化

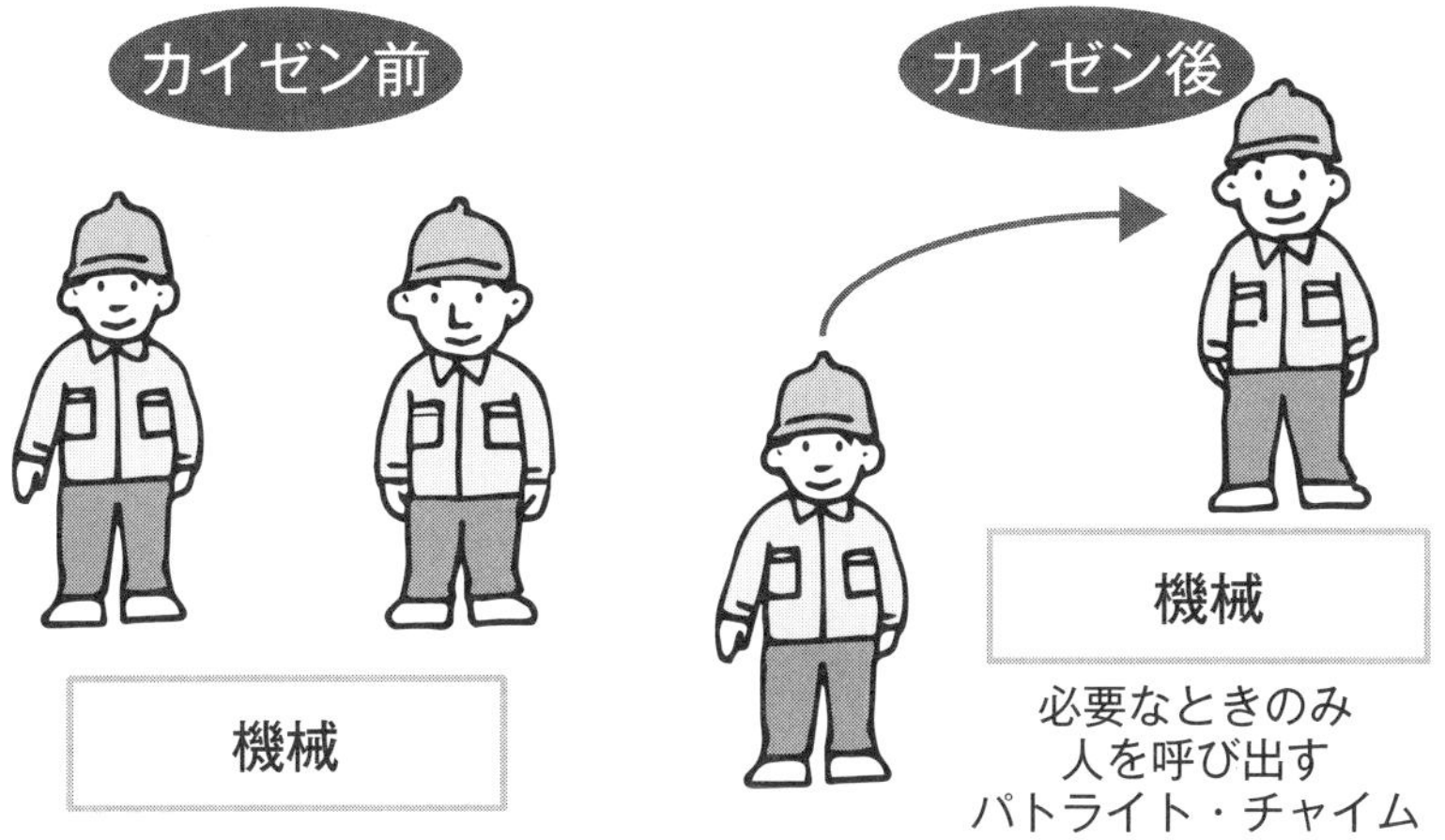

●１人作業の無人化

Section 6

自働化の応用

自働化②

自働化を実践しよう

●グループ化とは?

自働化について、他の方法を紹介しよう。まずは、「グループ化」だ。

グループ化とは、作業者を1カ所に集めてグループをつくり、作業が発生したときに作業者が機械に向かうしくみである。

左ページ図「グループ化による助け合い」を見てほしい。1号機から6号機まで、6台の機械があり、1人が2台を担当していたとする。1号機から6号機は、正常稼働しているとき、作業者が機械についている必要はない。作業者を必要とするのは、いくつかの限られた状況のときだけである。まず、ここを明確にしておきたい。

具体的には、

①段取り替え

②材料支給（製品の取出し）

③機械故障

④製品異常（不良品の発生）

という状況である。

これらの状況を把握するために、生産管理盤を設置する。生産管理盤の具体例は、付録③「生産管理盤」を参照してほしい（188ページ）。

●グループ化の進め方

では、グループ化の具体的な進め方を説明しよう。まず、3名の作業者を生産管理盤の前に集合させる。

段取り替えや材料支給など、作業者の作業が発生したら、生産管理盤に表示される。3名の作業者は、生産管理盤を見ながら、作業が発生したら機械に行って、作業が完了したら、生産管理盤の前に戻ってくるのだ。

これを6台の機械に対して全て行なう。そして、生産管理盤の前に、**常時2人いたら、1人は余分と考えるの**だ。つまり、2人の作業者で6台の機械を担当できるということだ。

●標準作業組み合わせ票の活用

1人の作業者が、複数の機械を担当する方法として、「標準作業組み合わせ票」がある。

標準作業組み合わせ票は、自働化の思想を具現化するとともに、作業の標準化を構築する上でも重要なものだ（詳しくは、第5章10項）。

グループ化による助け合い（生産管理盤の活用）

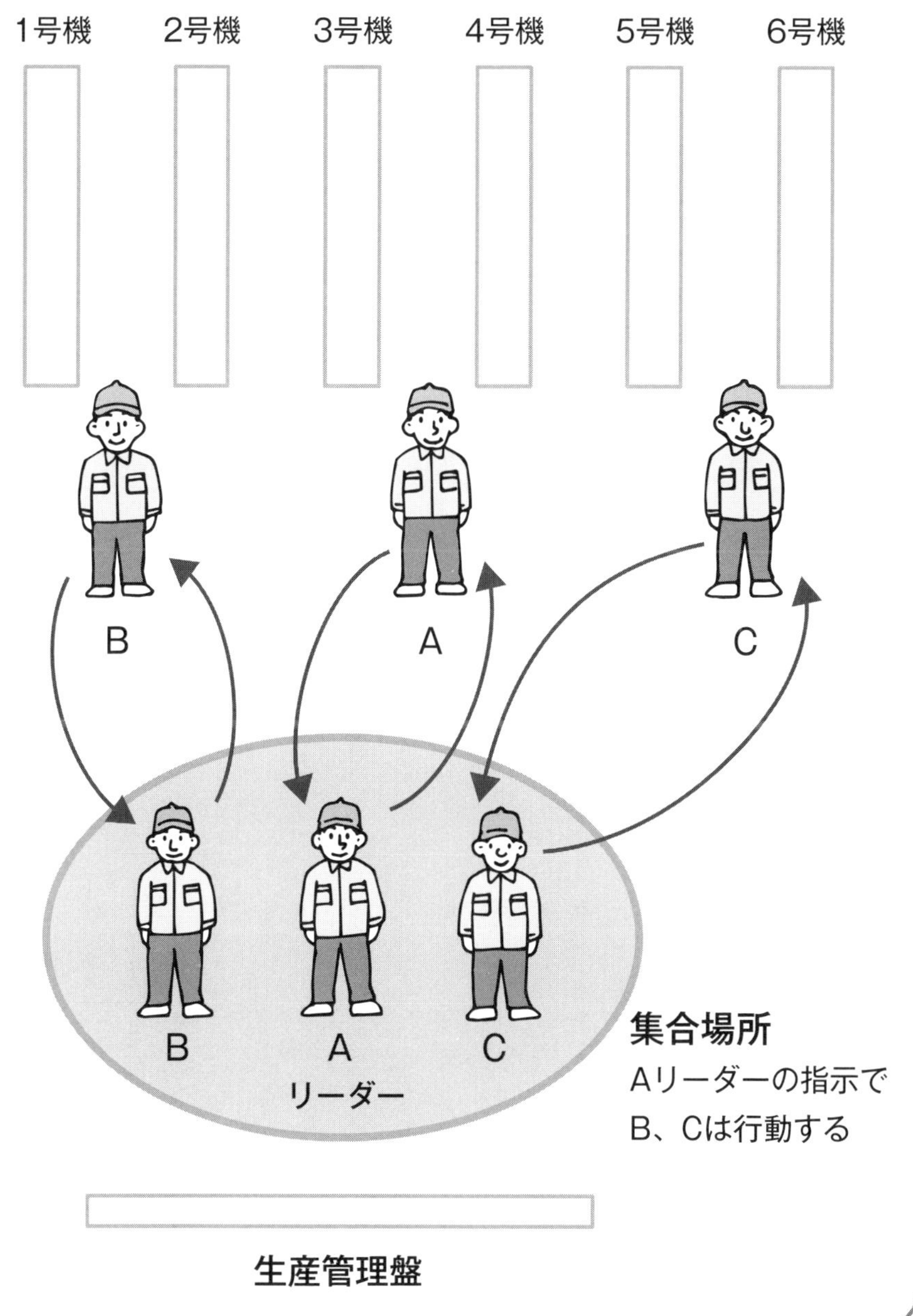

Section 7

2つのカドウ率とは?

稼働率と可動率

稼働率と可動率の違いを知ろう

●稼働率とは

稼働率とは、分子が実際にできた生産高、分母が24時間機械を動かしてできる計画生産高である。

稼働率とは、**工場でコントロールするものではなく、顧客が決めるものである**。顧客からの注文が増えれば稼働率は上がり、注文が減れば稼働率は下がる。顧客が今必要としていない（売上にならない）製品を生産して稼働率を高めても意味がない。

●可動率とは?

可動率は、稼働率と区別するために、「ベキドウリツ」と呼ぶ。

可動率の分子は、稼働率と同じで、実際にできた生産高である。分母は、本日つくる必要な計画生産高である。

可動率は、工場でコントロールすべきものである。そして、100%に近づけなくてはならない。

可動率が100%未満ということは、何らかの問題が生じたことを意味する。逆に、問題がなければ、計画通りの生産となり、可動率は100%になる。

可動率が100%にならない場合は、その原因を究明し、次は100%になるような対策を1つひとつ講じていく。

可動率は、現場で起きている問題を検出するための道具と考えてもよい。

●稼働率を上げる弊害

繰り返しになるが、稼働率は顧客が決めるものである。だから、稼働率を無理に上げようとすると、今必要のない在庫をつくることになる。

しかし、現実には、工場の生産性の尺度として、稼働率を使う場合がある。そうなると、現場の作業者は、稼働率さえ高くなれば評価されるので、**稼働率を上げるために、どんどん不要なものまでつくってしまう**。この結果、不要な仕掛品が増え、製品在庫も増え、中には残業してまで生産を続ける工程さえも出てくる。

工場は、可動率を高める努力をすべきだ。稼働率を上げることを目標に努力すべきではない。稼働率を上げる弊害も併せて理解してほしい。

「稼働率」と「可動率」

$$稼働率 = \frac{実際にできた生産高}{24時間機械を動かしてできる生産高}$$

顧客が決めるもの

$$可動率 = \frac{実際にできた生産高}{本日つくる必要がある計画生産高}$$

工場がコントロールするもの

POINT

稼働率を上げること自体を
目的にしてはいけない！

Section 8

1ヶ流し方式

1人が全工程をやる

●工程別作業の弊害

左ページ図「カイゼン前」を見てほしい。組立1、組立2、検査、梱包という4つの工程があり、それぞれの工程に1人ずつ作業者がついている。このような場合、4名の作業者で作業時間が異なるため、**工程間で「仕掛品」ができ、「手待ち」が発生**する。

仕掛品とは、前工程の能力が高く、後工程の能力が低い場合、前工程が処理したものを後工程が処理できず、後工程の前でものが溜まってしまうことである。

手待ちとは、前工程の能力が低く、後工程の能力が高い場合、後工程の人が、前工程の処理が終わるのを待っている状態である。工程間で能力（1時間あたりに生産できる量）が異なると、仕掛品が溜まるか、手待ちが発生することになる。

仕掛品は、今必要ないものをつくっている状態であり、手待ちは付加価値を生まない。いずれもムダである。

●1ヶ流しの内容

仕掛品と手待ちのムダを排除するためには「1ヶ流し」を適用する。

図の「カイゼン後」を見てほしい。1人の作業者が、組立1、組立2、検査、梱包の全工程を行ない、1人の作業者が1ヶずつつくっていくのだ。

●1ヶ流しの効果

1ヶ流し方式により、どれだけの効果が出るかを検証してみたい。

・組立1：3分
・組立2：5分
・検査：3分
・梱包：4分

このような時間がかかっているとする。この場合、ネック工程は組立2であり、1時間に12個の生産量となる。

1ヶ流しにすると、1人が全工程を行なうので、1人あたり15分（3分＋5分＋3分＋4分）で1個つくることができる。作業者は4人であるから、15分で4個できることになる。

つまり、1時間に16個の生産量となり、1時間あたりの生産量で比較すると、12個が16個にまで増えることになる。

1ヶ流し方式

カイゼン前
1人が1つの工程だけ行なう
組立１
（仕掛品）
組立２
（手待ち）
検査
（仕掛品）
梱包
60分÷5分＝12個
カイゼン後
1人が全工程を行なう
組立１
組立２
検査
梱包
×４人
4人×60分÷15分＝15個

Section 9

ネック工程を知ろう

ネック工程

2つのネックがある

●ネック工程とは

ネック工程とは、**一番生産能力のない工程**を指す。

左ページ図「モノの流れ」を見てほしい。A工程は1時間あたり10個生産できる能力がある。同様に、B工程は3個、C工程は5個、D工程は8個である。この場合、ネック工程は、一番能力のないB工程である。

ネック工程は、生産能力がないので、前工程が生産するスピードについていけない。だから、仕掛品が溜まってくるのである。ネック工程は、各工程の生産能力から算定できるが、工程の前に一番仕掛品が多くある工程のことでもあるのだ。

全工程の出来高は、ネック工程の出来高と等しくなる。図の例の場合、最終であるD工程から出てくる製品は、1時間あたり3個である（8個ではない）。なぜなら、ネックであるB工程から1時間に3個しか流れてこないからだ。つまり、**全体の出来高を上げるには、ネック工程の能力アップが必要**ということである。

●機械のネックと人のネック

ネック工程の能力をアップしていくには、**「機械のネック」**か**「人のネック」**かを明確にする。

人のネックについては、人を投入すればよい。人を増やすことによって、ネック工程の能力アップが図れる。

機械のネックについては、高性能な機械設備の導入を検討する。しかし、まず機械ネックであるかどうかを、機械設備の導入前に証明しなくてはならない。

●機械ネックの条件

機械ネックの条件は、2つある。

①1日24時間の稼働をしていること

②稼働率が85%以上であること

この2つのどちらも満たす場合に限り、機械ネックと呼べる。例えば、昼間だけ機械を稼働させて、夜は停止している場合は、機械ネックとはいえない。また、24時間（1直、2直、3直）機械を動かしていても、稼働率が低ければ、まず稼働率を高めることが必要だ。

ネック工程とは

●モノの流れ

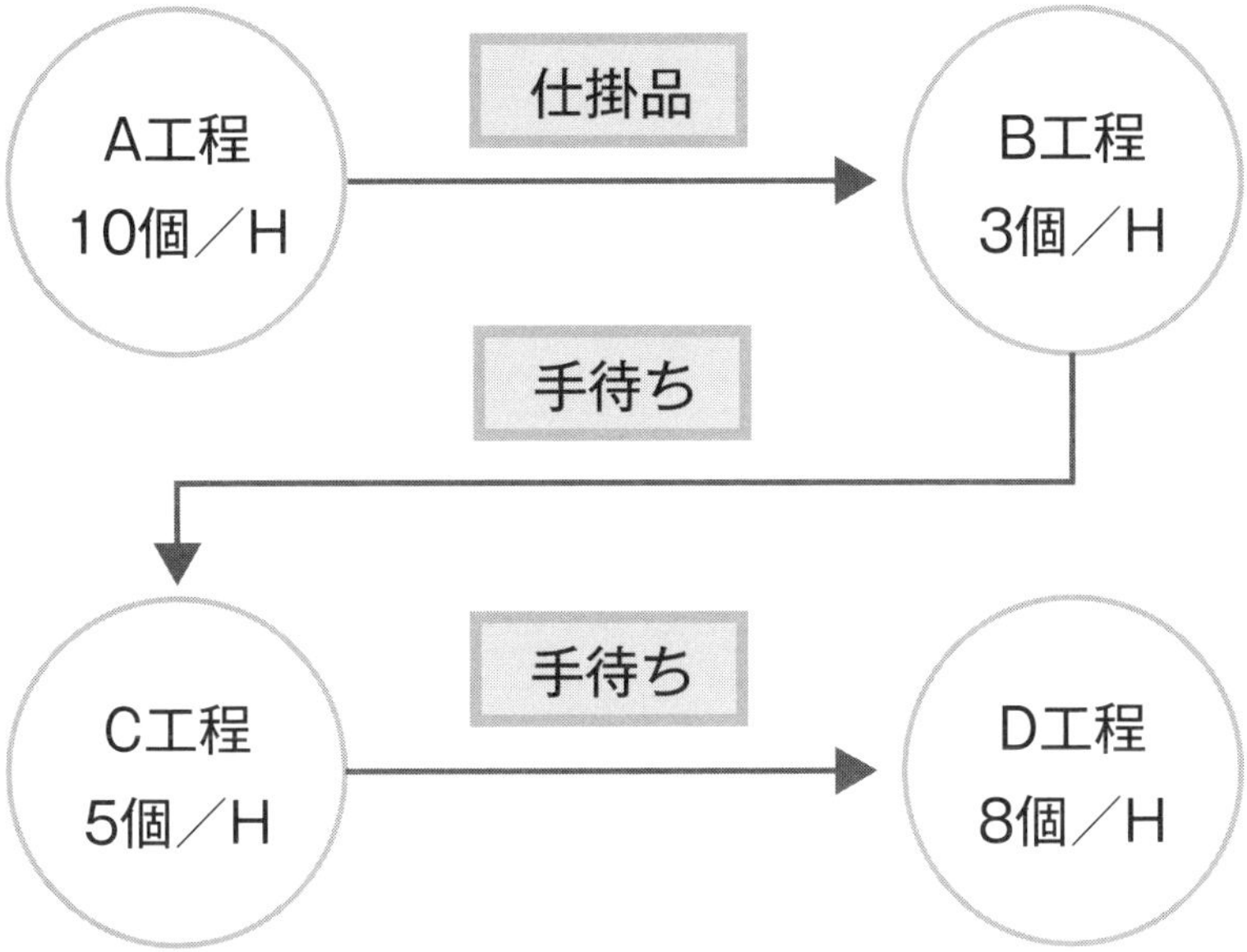

●機械ネックの条件

①1日24時間の稼働をしている
②稼働率が85%以上である

POINT

①②どちらも満たすときに機械ネックとなる。機械ネックでなければ、機械導入はしないこと！

Section 10

両手を使え

両手の活用方法を知ろう

人の動作を理解しよう

●左手の活用

日本人は右利きが多い。だから、何か作業をするとき、右手を主に使う。例えば、ペンのキャップをつけるとき、左手でペンをつかみ、右手でキャップをつける。ペットボトル飲料のキャップを外す際も同様である。

工場での作業を考えた場合、特に組立作業においては、左手でワーク（被加工物：加工されるもの）を保持し、右手で作業を行なうことが多い。

この場合、**左手はワークを保持しているだけで、付加価値を生んではいない。**

例えば、そのワークを治具にはさめば、両手で加工できる（付加価値をつけられる）。つまり、左手を有効活用し、両手を上手に使えば、付加価値を高めることができるのだ。

●両手のさらなる活用

人の動作とは単純でシンプルである。リーチ（手を伸ばす）、つかむ、使用する（例：ネジをつける）、手を移動し、元に戻す、という**一連の動作の繰り返し**である。

このような動作を細かく分けて、分析することで、作業の時間短縮が図ることができる。つまり、付加価値密度が高まるということだ。

具体的には、1つひとつの動作に対して、次のような視点で見直す。

①なくせないか？
②一緒にできないか？
③順序を変えられないか？
④逆にできないか？
⑤道具で代用できないか？

例えば、検査工程において、検査する製品が箱に多数入っている場合、箱からどかっと製品を検査台に置くことがある。そして、検査台に置かれた製品を1つひとつ手に取り、検査をしていく。

このとき、箱から1つひとつ製品を取って検査していけば、箱からまとめて取り出すという作業をなくせる。

具体的には、箱に手を伸ばし、箱を持ち上げ、箱から製品を取り出し、箱を戻す、といった一連の動作を排除できるわけだ。

両手を使って時間短縮を図る

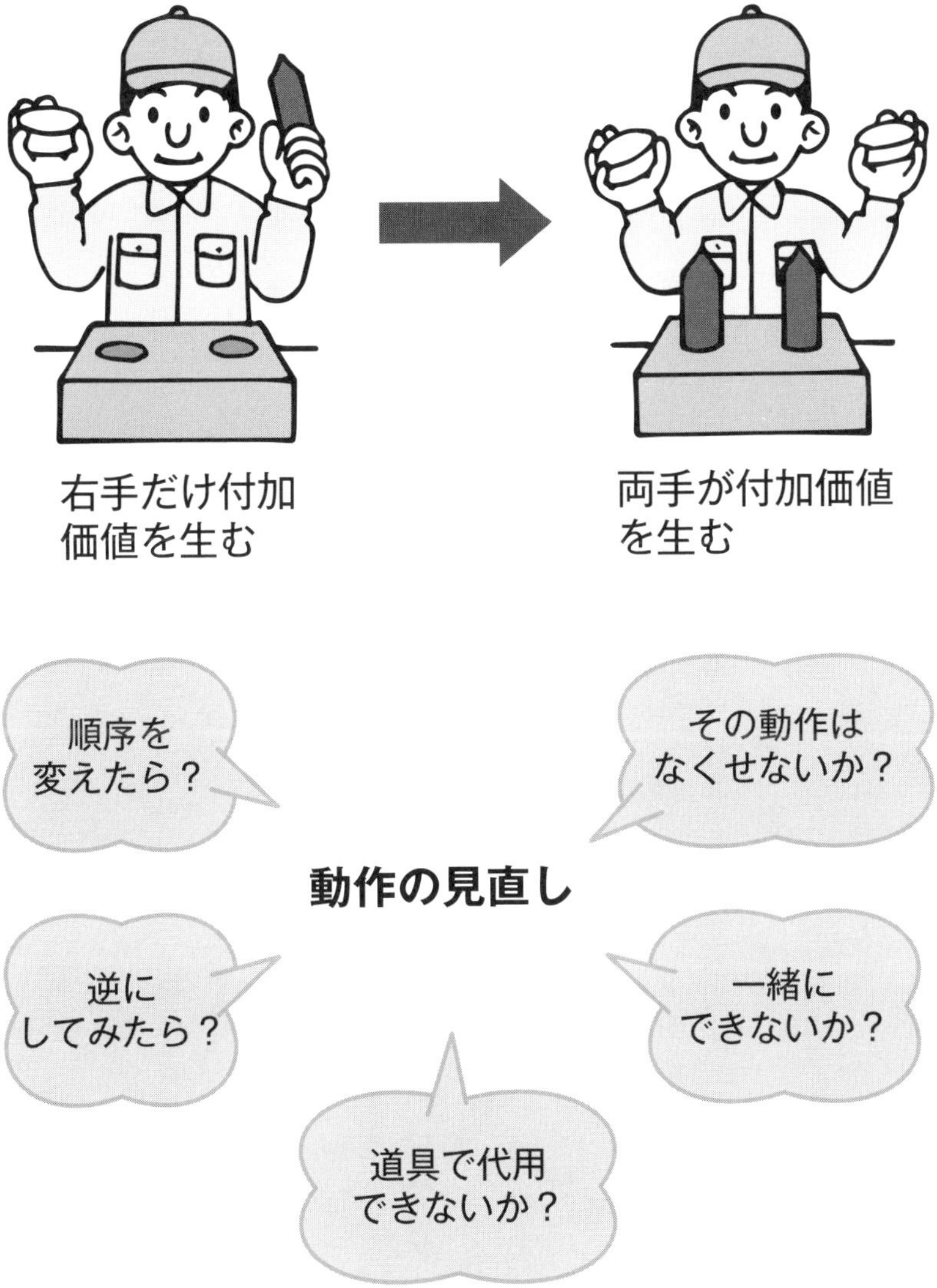

Section 11

「物申す」と「者申す」の違い

物申す（整理整頓）

「物申す」で検証しよう

●整理整頓とは？

整理整頓の定義を確認しておこう。

整理とは、**要るものと要らないものを分け、要らないものを捨てること。**

整頓とは、**要るものをいつでも取り出せる状態にすること。**

カイゼン活動における整理整頓は、「物申す」という定義を使う。これにより、「探す」「迷う」といった付加価値を生まない時間が削減される。また、工場全体の問題点（ムダ）が目で見て発見できるようになる。発見したムダを排除することにより、結果的に、付加価値密度を高めることができるのだ。

●「物申す」とは？

「物申す」とは、「物」に対して、**「今、ここに置かれているのは正常か、人に聞かずにわかること」**である。

ここでいう「物」とは、**入荷した部材**、**仕掛品**、**完成品**を指す。これらの物に対して、現場で「今ここに置かれているのは正常ですか？」と問いかけていくのだ。

そして、「人に聞かずにわかる」というのは、担当者に聞いてはいけないということだ。同じモノモウスでも、「者申す」になってはいけない。ここをしっかり区別したい（ちなみに、パソコンやシステムで情報管理しているという場合も「者申す」に含まれる）。

「物申す」とは、例えば、出荷品置き場を見て、今日出荷するものがどれであるかがわかるようにすることだ。担当者に聞いたり、パソコンやシステムで調べたりしなくても、**今日出荷するものが現地・現物でわかるという状態**、ということだ。今日出荷するべきものが、今日出荷すべき場所に置かれているのが正常である。

逆に、今日出荷するものがわからない、今日出荷すべきものを置く場所がわからない、という状況は、正常ではない。

このようにして「物申す」を徹底すると、今、必要なものだけをつくることになり、付加価値生産性が向上していく。

「物申す」と「者申す」

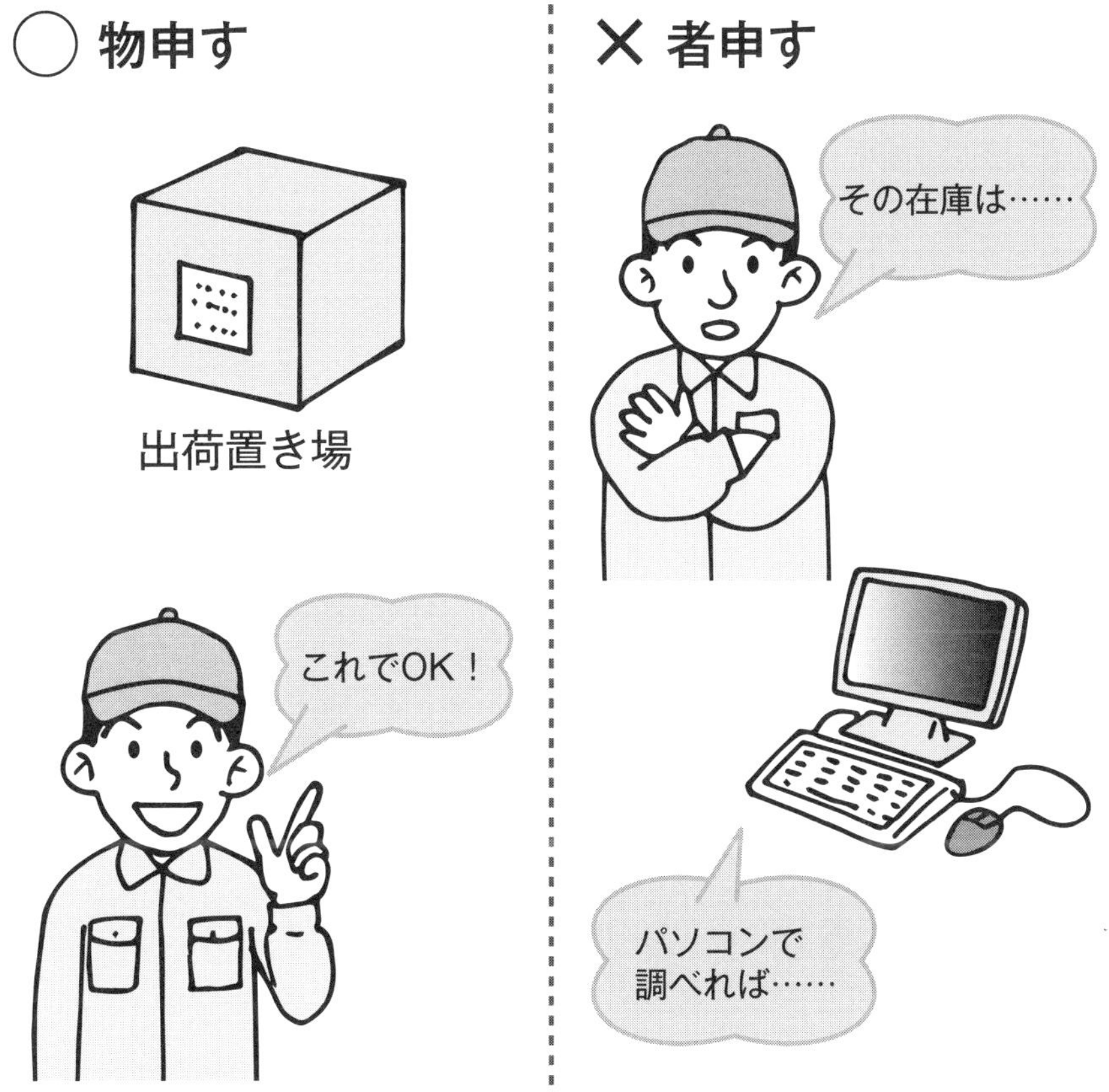

POINT

物申す＝今、ここに置かれているのは正常か人に聞かずにわかること

Section 12

2つのタイムを知ろう

タクトタイムとサイクルタイム

状況に応じて使い分ける

●作業時間には2種類ある

作業時間には、「タクトタイム」と「サイクルタイム」がある。

これら2つのタイムを理解し、使い分けていくことが、生産性を向上させる上では大切だ。

サイクルタイムとは、1つの製品を**一番早くつくる時間**のことである。

タクトタイムとは、1つの製品を**納期に間に合うようにつくる時間**のことである。

例えば、ある製品48個を翌日に納品する場合を考える。この製品を1個つくるのに2人でやれば5分でできる。この5分が、この製品のサイクルタイムとなる。

一方、この製品を1人でつくると10分かかる。

ここで、1日の作業時間を8時間とすると、1日は480分の作業時間がある。

明日の納品に間に合わせるためには、今日のうちにつくっておけば納期に間に合う。具体的には、今日（480分で）48個つくればよい。

480分で48個つくるとなると、1個あたり10分でつくればよい。この10分がタクトタイムとなる。

●作業時間の使い分け

先の例でいうと、明日の納期に間に合わせるのであれば、今日、無理に2人で急いでつくる必要はない。1人で10分かけて、タクトタイムでつくればよいのだ。

タクトタイムは、納期に間に合うなら最小人員でつくるということだ。

工場で働く従業員は、定時までは仕事をするのであるから、急いでつくって時間が空いてしまうのはもったいない。だから、納期に間に合うように人員の有効活用をすることだ。

逆に、納期が切迫している場合は、多くの人員を投じてでも早くつくる必要がある。その場合は、サイクルタイムでつくるのだ。

納期と人員を考慮して、サイクルタイムとタクトタイムを使い分けることが生産性向上に繋がるのである。

2つのタイム

サイクルタイム Cycle Time	タクトタイム Tact Time
1つの製品を 一番早く つくる時間	1つの製品を 納期に間に 合うように つくる時間

POINT

納期や人員を考えて
タクトタイムとサイクルタイムを
使い分けることが大切

COLUMN 2

トヨタ生産方式＝かんばん方式？

本書で紹介している考え方や手法は、トヨタ生産方式をベースとしている。具体的には、JIT（ジャストインタイム）や自働化などである。

トヨタ生産方式というと、かんばん方式を連想する人も多いのではないだろうか。ただ、トヨタ生産方式をかんばん方式であるというのは正しくない。

車をつくるには数千の部品が必要といわれるが、使われる1つひとつの部品は繰り返し生産するものである。だから、車の製造においては、使った部品を使った分だけ補充するという方式が、JITの実現に繋がる。これを実現するのがかんばん方式ということなのだ。

一方、製造業の多くは多品種少量生産型である。もし、多品種少量生産型の工場にかんばん方式を導入すると、結果として仕掛品だらけになってしまう。多品種少量生産型の工場には、かんばん方式を導入することは望ましくない。しかし、トヨタ生産方式＝かんばん方式と考えていると、無理にかんばん方式を導入して失敗することになってしまう。

プロゴルファーであるタイガー・ウッズのスウィングを、そのまま自分のスウィングに当てはめてもスコアは伸びない。これと同じで、トヨタ生産方式もかんばん方式も素晴らしいしくみであるが、自社に導入する場合には、自社の実状に合ったものにしなくてはならないのである。

第3章

「短納期要求」に応えるカイゼン

Section 1

リードタイムとは？

リードタイムを短縮せよ

セールスポイントをつくる

リードタイムとカイゼン

第1章2項で解説したように、顧客の短納期要求という変化に対応していかなければ、企業は生き残れない。

さらに、顧客の要求納期に間に合えばよいという考え方では、明るい未来は期待できない。なぜなら、競合他社がさらなる短納期を実現してきたら、太刀打ちできないからである。

顧客の短納期要求、競合他社の短納期化という経営環境の変化に対応していくためにも、常に自社の短納期化を意識し、リードタイムを短縮するカイゼンを継続的に行なっていく必要が出てくるのだ。

リードタイムの定義

リードタイムとは、受注（顧客から注文書をもらう）から工場出荷までの日数または時間を指す。

リードタイムは時系列により、準備リードタイム、生産リードタイム、出荷リードタイムに分類できる。また、これら3つのリードタイムと区別する意味で、全体のリードタイムを総合リードタイムと呼ぶ。

準備リードタイムとは、受注してから、製造の第一工程をスタートするまでの日数または時間をいう。

生産リードタイムとは、製造の第一工程をスタートしてから、完成品の検査までの日数または時間をいう。

出荷リードタイムとは、完成品が出来上がってから（製造の全工程が完了して出荷できる状態）、実際に出荷されるまでの日数または時間をいう。

リードタイム短縮で売上増

例えば、競合他社のリードタイムが2週間だとすると、自社なら「受注から9時間で工場出荷」とPRする。

リードタイムを圧倒的に短縮することが**セールスポイントとなり、売上が増加して、付加価値生産性を高めること**ができる。

ポイントは、他社を圧倒する（他社がマネできないとあきらめる）**リードタイムを時間で表現する**（○日とか○週でなく、○時間）ことだ。これにより、顧客が感動し、注文の増加や、新規顧客の獲得も容易になるのだ。

リードタイムとは

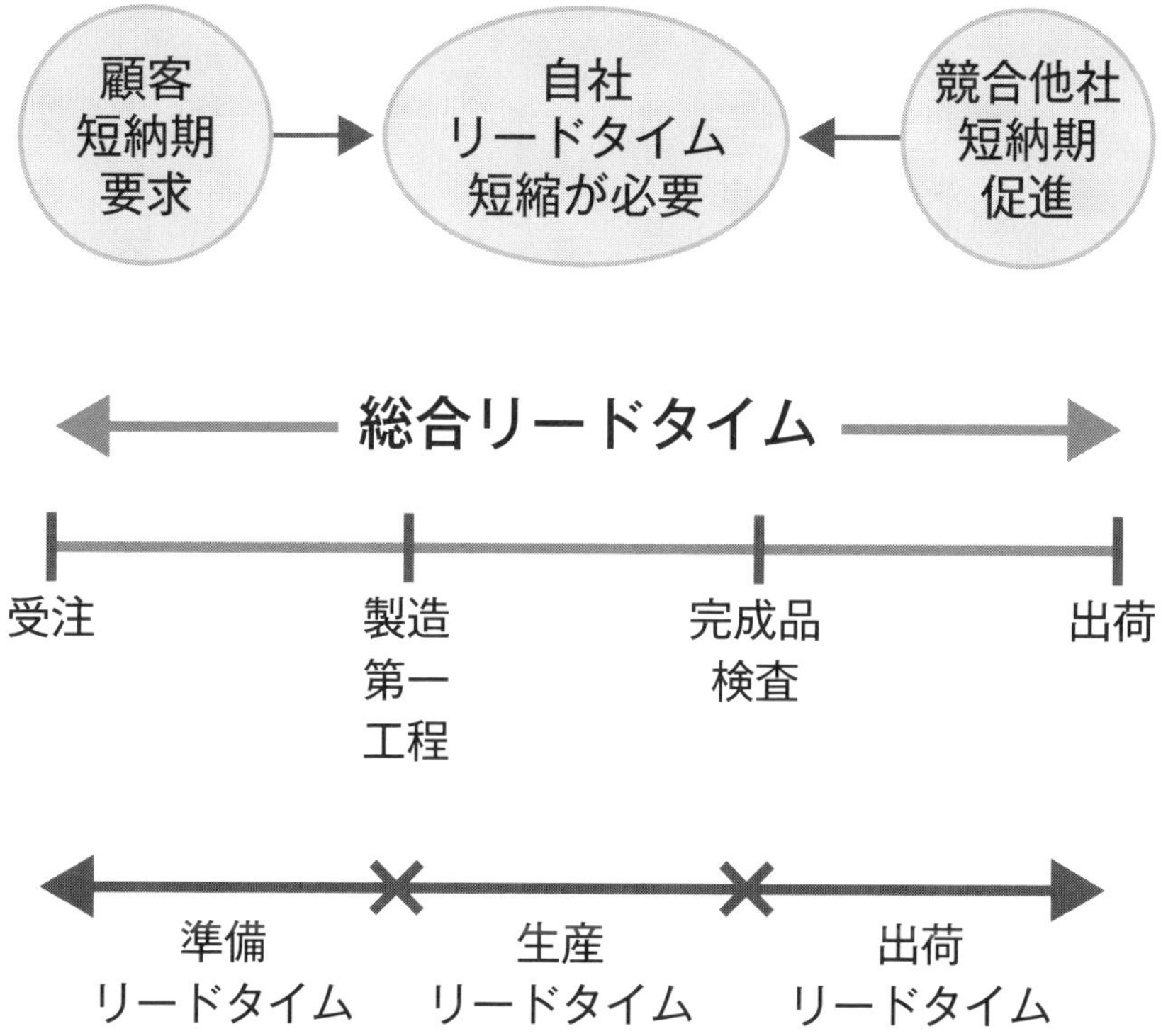

POINT

・リードタイムを３つに分けて短縮していく

・リードタイムを時間で表現する

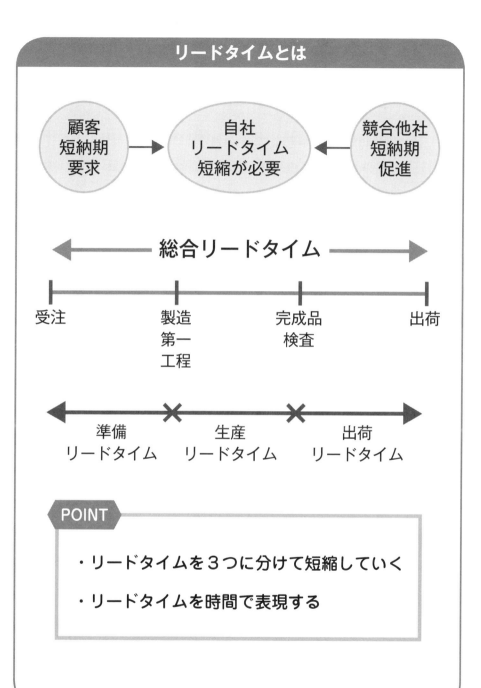

Section 2

準備リードタイムを短縮しよう

準備リードタイムの短縮

材料発注を理解する

● 準備リードタイム短縮の方法

準備リードタイムとは、受注してから製造の第一工程スタートまでの日数または時間を指す。

準備リードタイムの多くを占めるのが、材料の調達時間である。

受注してから材料を発注すると、材料が入荷するまで製造の第一工程はスタートできない。

この材料入荷を待っている時間を短縮することが、準備リードタイム短縮のポイントとなる。

● 材料補充方式

材料入荷まで待つ時間を短縮するには、使用頻度の高い材料をあらかじめ購入しておき、材料在庫として持っておくことである。

あらかじめ材料を購入しておき、少なくなってきたら購入することを、材料の**補充買い方式**という。

補充買い方式には、発注点と発注量を決めることが必要である。**発注点は、残りがいくつになったら発注するかという基準数量**である。

発注点は、次の式で算出する。

・**発注点＝1日の使用量×調達日数**

例えば、1日の使用量が5kg、調達日数（注文してから材料が届くまでの日数）が10日だとする。

この場合、発注点は5kg×10日＝50kgとなる。つまり、残り50kgを下回った時点で材料発注を行なうということだ。

発注量は、原則として発注点と同じにする。これが材料の欠品を防ぎ、かつ材料在庫の増加を最も抑える数量となる。つまり、材料がなくなるときに、ちょうど材料が入荷してくるようになる。

ただし、材料の購入ロット（材料メーカーが販売する最小単位）が発注量よりも多い場合は、発注量＝購入ロットとなる。なお、受注の急増や特急品対応など、材料を多めに持っておきたい場合は、安全在庫として別途材料を持っていてもよい。

材料在庫を持つことで、材料入荷の待ち時間がなくなり、準備リードタイムが短縮されるのだ。

準備リードタイムを減らす

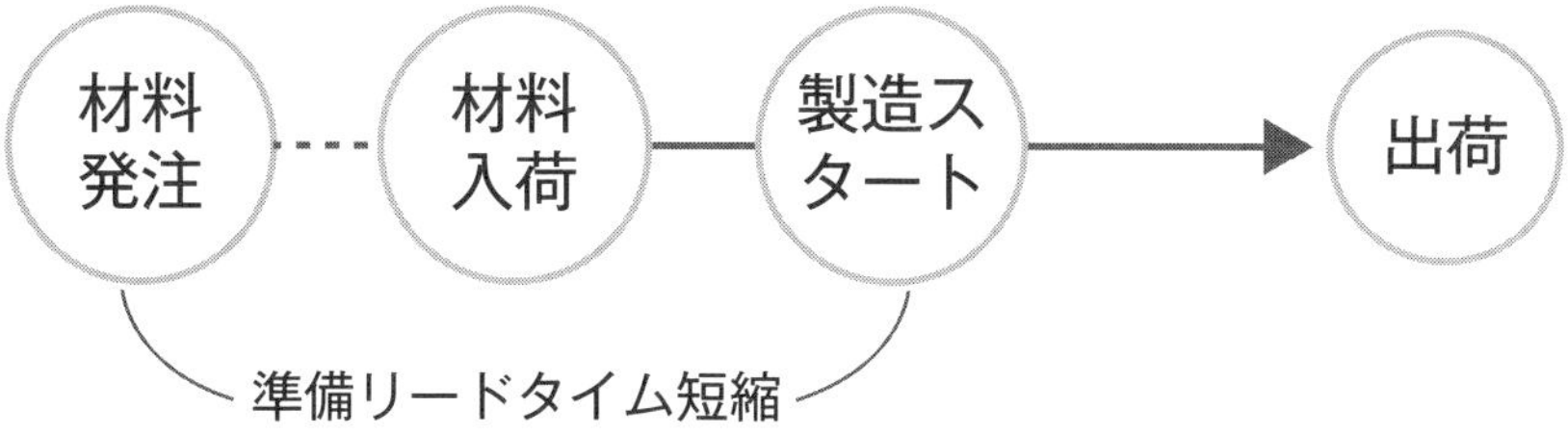

POINT

あらかじめ材料を持っていると、
受注してからすぐ製造スタートできる
➡リードタイムが短縮できる

●材料の補充買い方式

● 発注点＝
残りが○○kgになったら発注する

● 発注量＝
発注（入荷）する量

● 安全在庫＝
急な使用料増加に備えて、余分に持っておく在庫

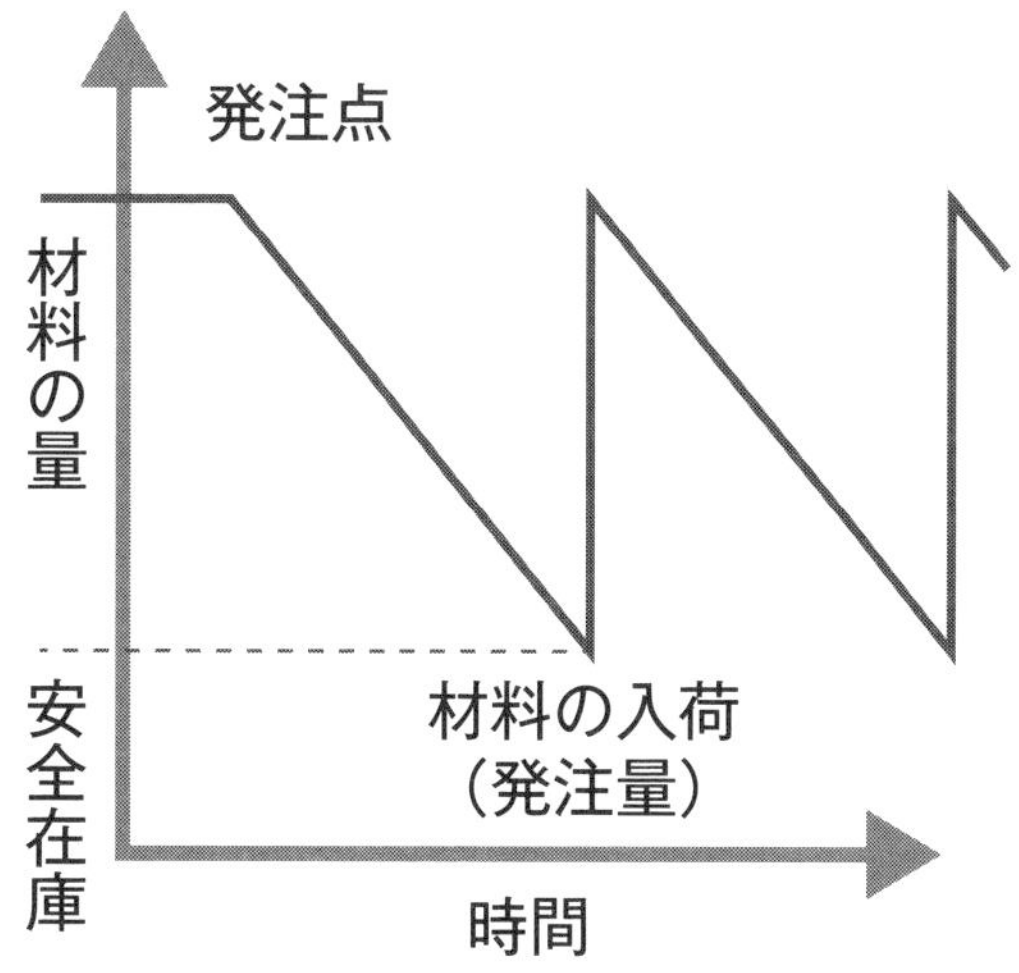

Section 3

生産リードタイムを短縮しよう

生産リードタイムの短縮①

仕掛品をコントロールする

●工程の能力を調整する

前項では、生産リードタイムを短縮するための考え方を示した。本項では、生産リードタイム短縮の進め方を示す。

生産リードタイムを短縮するには、**停滞時間をなくすことが必要**である。そして、そのためには工程間の仕掛品を減らすことが必要である。

そもそも、仕掛品が溜まるのは、工程ごとの生産能力に差が出るためだ。

例えば、A工程（前工程）とB工程（後工程）があったとする。A工程が1時間あたり15個生産できる。そしてB工程は1時間あたり10個生産できるとする。

A工程とB工程が生産を始めると、A工程とB工程の間には、1時間後に5個の仕掛品ができる。なぜなら、A工程がつくった15個のうち、B工程は10個しか処理できないからだ。

この状態で生産を続けると、A工程とB工程の間には仕掛品が増え続ける。

●ストアーの配置

そこで、A工程とB工程の能力を調整する必要が出てくるのだ。

A工程とB工程の間にストアーを置く。ストアーとは、A工程で生産したものを置いておくスペースである。

このとき、ストアーに置く最大数を決める。ここが重要なポイントだ。**ストアーが最大になったら、A工程は生産を止める。**

ストアーを設けることで、仕掛品の量をコントロールするのだ。

●ロットの半減

次に、従来の製造ロットを思い切って半分にしてみる。ロットの半減によって、1ロットの加工時間を短縮することができる。

これで、工程間に仕掛品として停滞する時間をさらに短くすることができる。そして、ストアーに置かれる1セット分の量を減らすことができるのだ。

これにより、さらに仕掛品の量を減らすことができる。仕掛品の量を減らすことで、流れが速くなり、生産リードタイムが短縮していくのだ。

仕掛品の量を減らす

A工程が生産を続けると、仕掛品が増え続ける

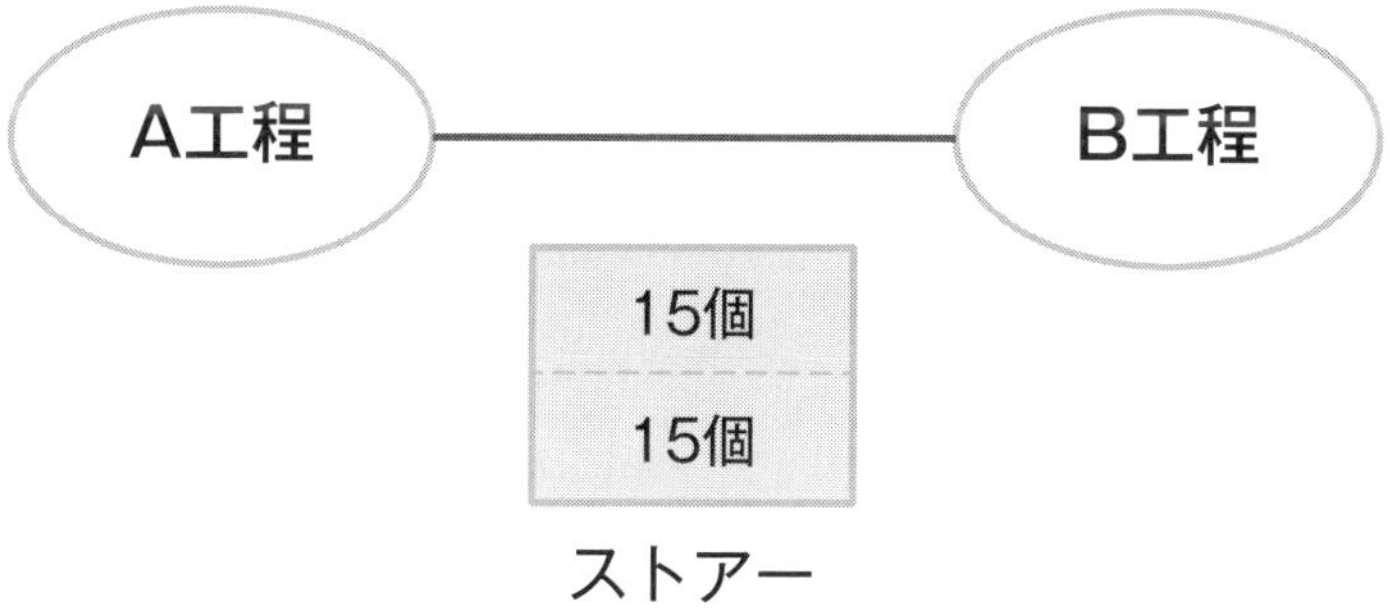

ストアーがいっぱい（15個+15個＝30個：B工程の３時間生産分）になったらA工程は生産をストップする

➡ ストアーの量以上に仕掛品は増えない

Section 4

生産リードタイムの短縮②

製品の流れをつくる

● 生産リードタイムの定義

生産リードタイムは、各工程の**正味加工時間＋各工程間の停滞時間**で示される。

各工程間に停滞している時間は、各工程の正味加工時間よりも圧倒的に長い。通常、10倍以上ある。だから、まず各工程間に停滞している時間を短縮する。そして、その後、正味加工時間の短縮を図るのだ。

● 停滞とは?

停滞というのは、工程と工程の間に置かれている状態のことである。すなわち、仕掛品ということになる。だから、仕掛品がたくさん置かれているところは、停滞時間が長くなっていると考えられる。

生産リードタイムと停滞の関係については、高速道路の渋滞を考えるとわかりやすい。高速道路を走る車を製品とすると、生産リードタイムは、車が高速道路を走り切る時間である。

停滞は渋滞、すなわち、車がたくさん高速道路に溜まっていて、速く走りたくても走れない状態である。

つまり、停滞（渋滞）がなければ、リードタイムが短くなる。

● 停滞時間の短縮方法

まず、現場を回って、仕掛品の量を確認していき、仕掛品の最大数量を決めていく。そして、この最大数量を逐次減らしていくことで、仕掛品を減らすことができる。

次に、現在の製造ロット（同じ工程や同じ原料でつくられる製品単位）を半分にする。製造ロットを半減すると、段取り替えの回数が倍に増える。

例えば、製造ロットが１００のとき、半分の50にすると、2回に分けて製造することになり、段取り回数が1回から2回に増える。

このままだと付加価値生産性は下がり、付加価値密度が低くなる。だから、**段取り替えにかかる時間を半減する**。そうすれば、付加価値密度が下がることはない。

こうして仕掛品を減らすことで、生産リードタイムを短縮していく。

停滞時間を短縮する

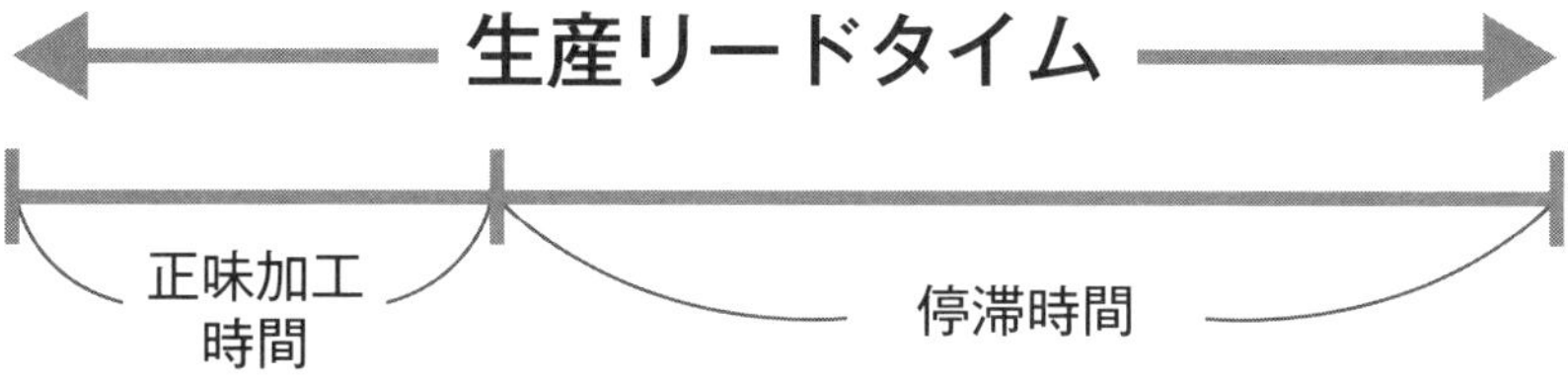

停滞時間を減らすと、生産リードタイムが短くなる

（**停滞の原因**＝後工程の仕掛品が多いので、すぐに加工されずに停まってしまうから）

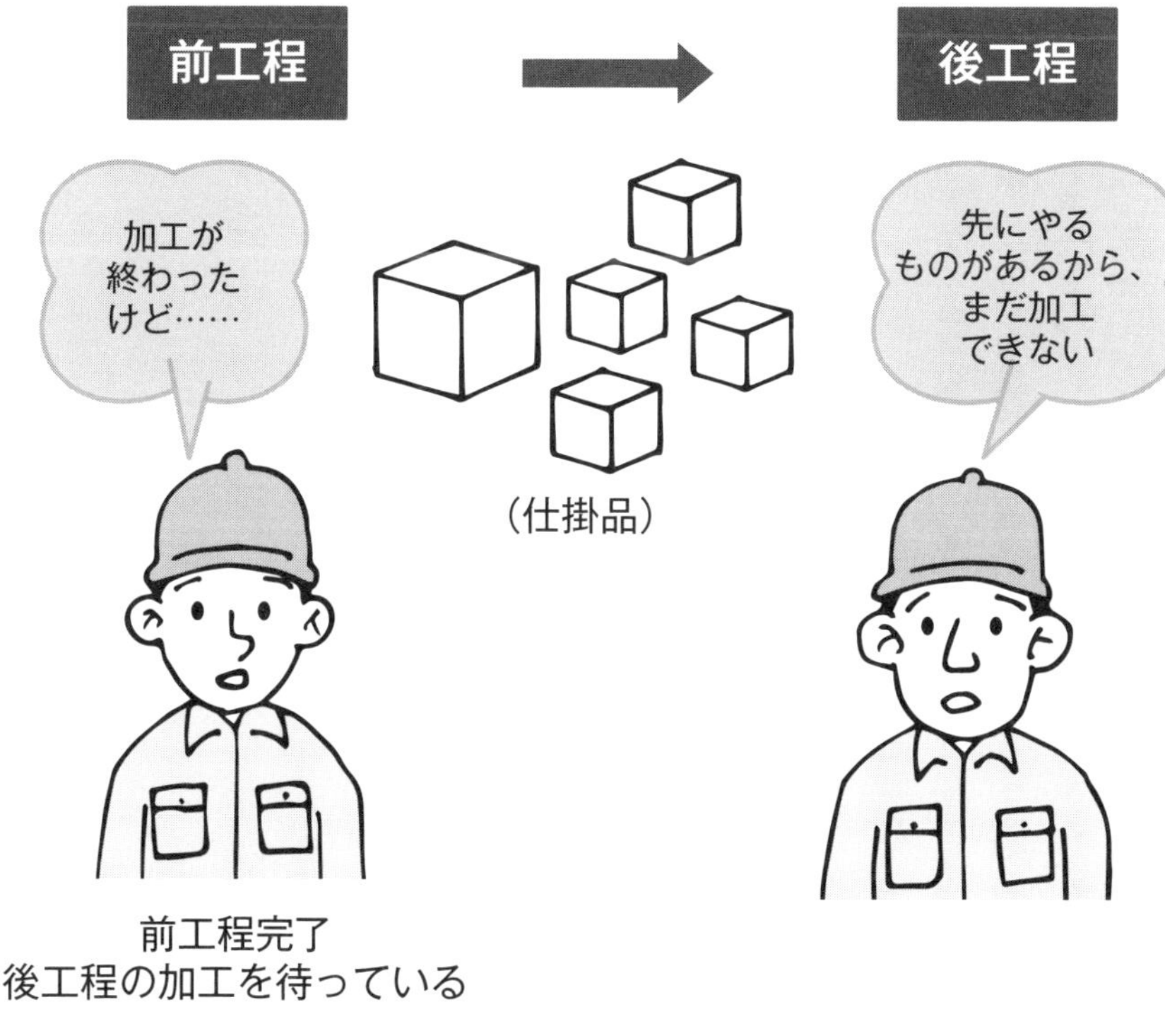

製造条件とリードタイム短縮

Section 5

製造条件の見直し

製造条件の根拠を知ろう

製造条件とは?

ものをつくるには、製造条件が必要になる。製造条件とは、製品を製造するための要件である。

例えば、材料の歪みをとる工程において、80度の恒温槽に8時間入れる。この場合の80度や8時間というのが製造条件である。

また、熱処理の工程では、通過速度を1分間に4mに設定している。この1分間に4mというのが製造条件だ。

製品を製造する上で、このような製造条件は必要であるが、**なぜ、その製造条件にしたのかを明確にすることも**必要である。

通常は、製品の初期の検討において、品質特性を満たす視点からのみ、製造条件を決めている。

そこで、品質特性からのみ決められてきた製造条件を、**リードタイム短縮面から抜本的な見直しを図ることだ**。こうすることで、生産リードタイムを短縮することができる。

製造条件からのリードタイム短縮

リードタイムを短縮することを前提として、製造条件の見直しを図るには、実験を行なう必要がある。

例えば、先の例で説明しよう。

恒温槽に8時間入れているのを、4時間にしてみるのだ。そして、品質上の問題がないかを検証する。

また、熱処理速度においても、1分間に4mを5mに速度を上げてみて、品質上の問題がないかを検証する。

そして、リードタイム短縮の視点から製造条件を変えていく。

特に、乾燥時間など時間を要する製造条件については検証が必要だろう。温度や湿度などの条件を変えてみたり、使用する溶液や溶剤を変えてみたり、風を送ることや何かしらの道具を活用することもできるかもしれない。

こういったアイデアを出して、どんどん現場で実験していくのだ。

第1章で説明した1日改善会を開催して、リードタイム短縮のための製造条件を見つける活動を行なうとよいだろう。

品質を重視するか、生産リードタイムを重視するか

品質を重視	生産リードタイムを重視
品質特性を満たすには？	生産時間を短くするには？
↓	↓
温度は？その他条件は？	時間を△△時間でやるとしたら？
↓	↓
時間は○○時間くらいかかる	温度やその他条件をどうすればよいか？
⇩	⇩
生産リードタイム長い	生産リードタイム短い

ライン化とライン化数

製品の流れをすっきりさせる

●ライン化とは?

ライン化とは、1つの製品がどの工程とどの工程を通ってつくられるのかを明確にすることである。生産リードタイムを短縮するには、ライン化をしっかり行なうことが必要だ。

鉄道システムに例えると、工程（機械）は駅、製品は電車に相当する。

駅にはさまざまな電車が停車して通過していくが、どの電車がどの駅を通過していくのかが明確になっていなければ、電車が詰まって、電車全体の流れが悪くなる。結果として、電車が出発駅から終着駅まで到達する時間が長くなる。

これと同じように、ライン化が行なわれていないと、製品の流れが悪くなり、結果として生産リードタイムが長くなるのだ。

だから、生産リードタイムを短縮するには、製品の流れをよくするようにライン化を行なう。そして現在、製造しているものが全部で何ラインになるかを明確にすることである。

●ライン化数と整流化

ライン化数とは、製品が通過する機械の組み合わせ数のことを指す。

特に多品種少量生産の場合、ライン化が複雑になり、ものの流れが混流になっている場合が多く、生産計画が立てにくい。

生産計画が立たないと、生産リードタイムが長くなる。鉄道システムに例えると、電車の運行表や駅の時刻表がない状態で電車を走らせるようなものだ。当然、電車が1カ所に集中したりして、速度を落としたり、停止が続いたりすることで、電車が終着駅に到達する時間は遅くなる。

そこで、生産リードタイムを短縮するために、混流を整流にする。具体的には、思い切って専用ラインに分けることである。これを整流化と呼ぶ。

生産計画の精度を高めていくことによって、全体の流れをすっきりさせていく。これにより、製品がスムーズに工程を通過するようになり、生産リードタイムが短縮していくのだ。

ライン化数とは通過機械の組み合わせ

●製品が機械を通過する流れ

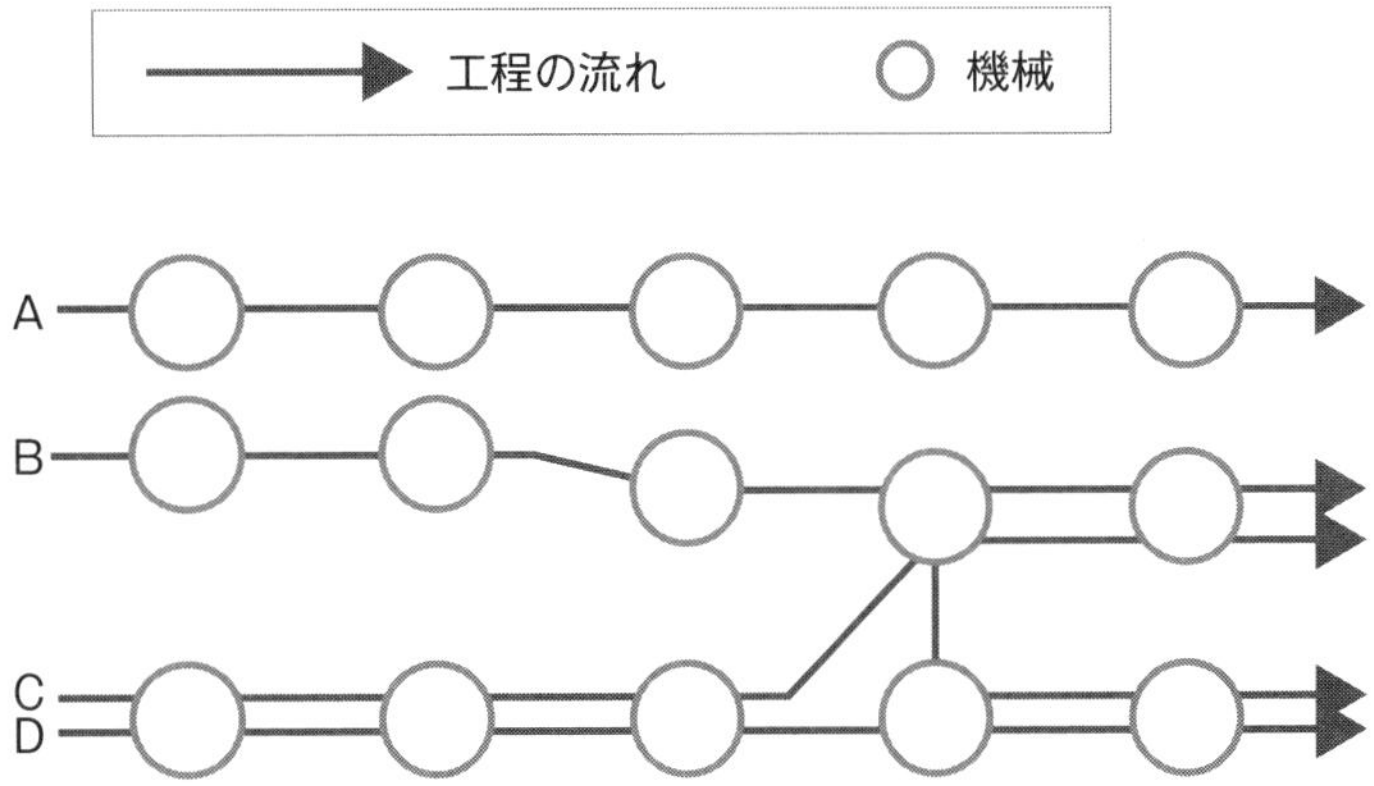

●ライン化数分析図

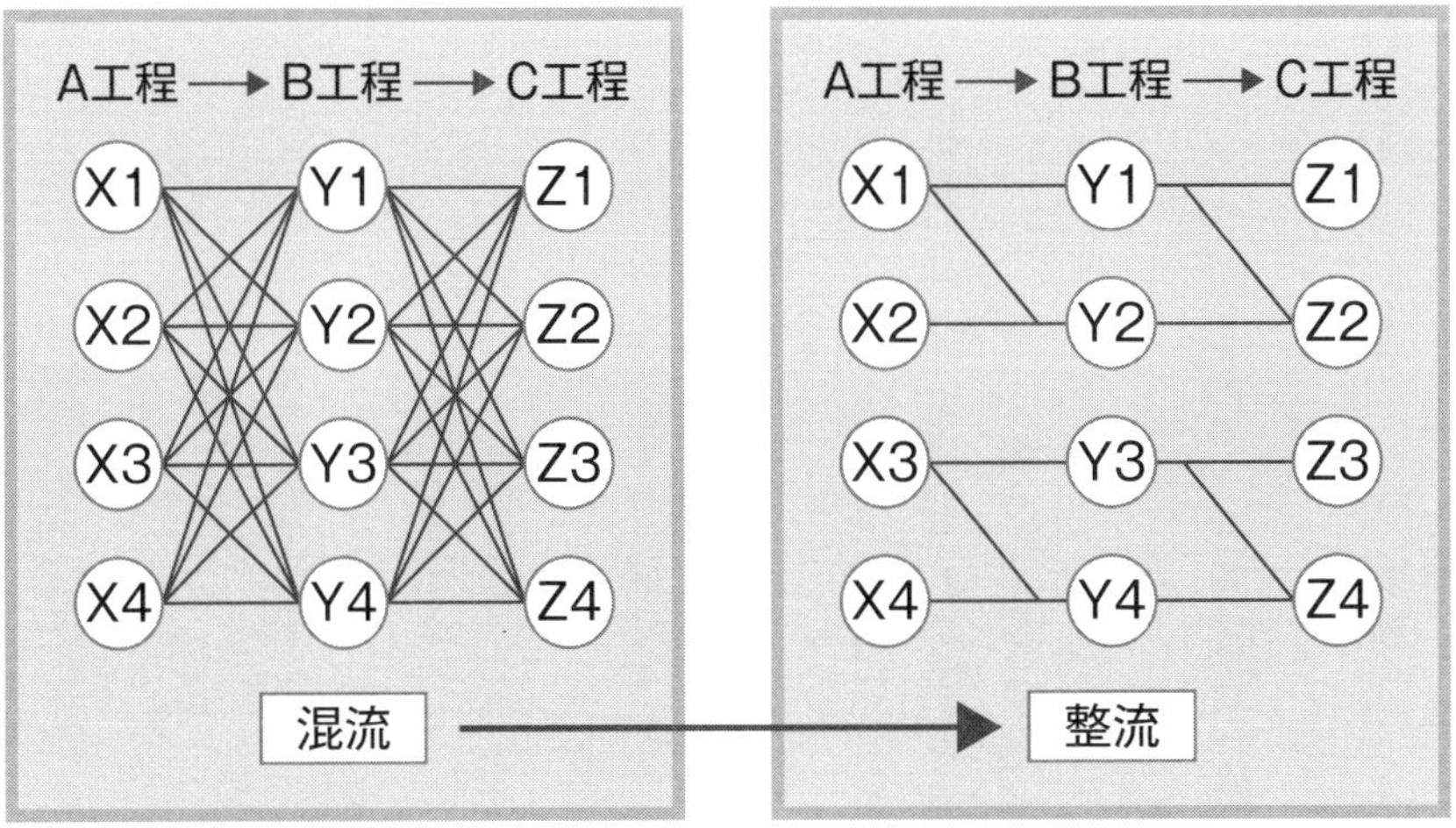

混流のライン　　　　整流のライン

Section 7

運搬回数と生産リードタイム

運搬回数を増やす

小刻み運搬について知ろう

●製造ロットと運搬ロット

運搬と生産リードタイムの関係を理解する上で、製造ロットと運搬ロットを知ろう。

製造ロットとは、**１回の製造でつくる単位（数量）**である。

運搬ロットとは、**製造したものを次の工程に運ぶ単位（数量）**である。

製造ロットと運搬ロットは、通常同じ場合が多い。

例えば、Ａ工程、Ｂ工程、Ｃ工程の順に進む製造工程があるとする。

製造ロットと運搬ロットが同じ１００個の場合、Ａ工程で１００個つくった後、Ｂ工程で１００個、そしてＣ工程で１００個つくるわけだ。

このとき、製品がＡ工程からＣ工程まで通過する時間は、生産個数に応じて長くなってしまう。なぜなら、Ａ工程でつくられた最初の1個は、残り99個つくられるまで、待っている（停滞している）からだ。

これは、Ａ工程とＢ工程の間に99個の仕掛品をつくっているのと同じことである。

そこで、生産リードタイムを短縮するには、製造ロットと運搬ロットを別々に設定する必要がある。

●小刻み多回運搬

運搬ロットを製造ロットより少なく設定することで、生産リードタイムが短縮される。

先の例で説明すると、Ａ工程の製造ロット１００個に対して、運搬ロットを20個に設定するのだ。

Ａ工程で20個つくったら、その20個をＢ工程に運搬する。Ａ工程では引き続き残り80個を製造する。同様に、Ｂ工程では、20個つくったらＣ工程に運搬する。

このように**運搬ロットを小さくすると、製品の流れが速くなる**。つまり、Ａ工程からＣ工程まで通過する時間が短くなってくるのだ。

小刻みに運ぶことで、ものの流れがよくなり、通過時間が短縮される。

生産リードタイム短縮の視点から、製造ロット、運搬ロットを見直し、運搬ロットを小さくしてみよう。

ロット生産と小刻みの多回運搬

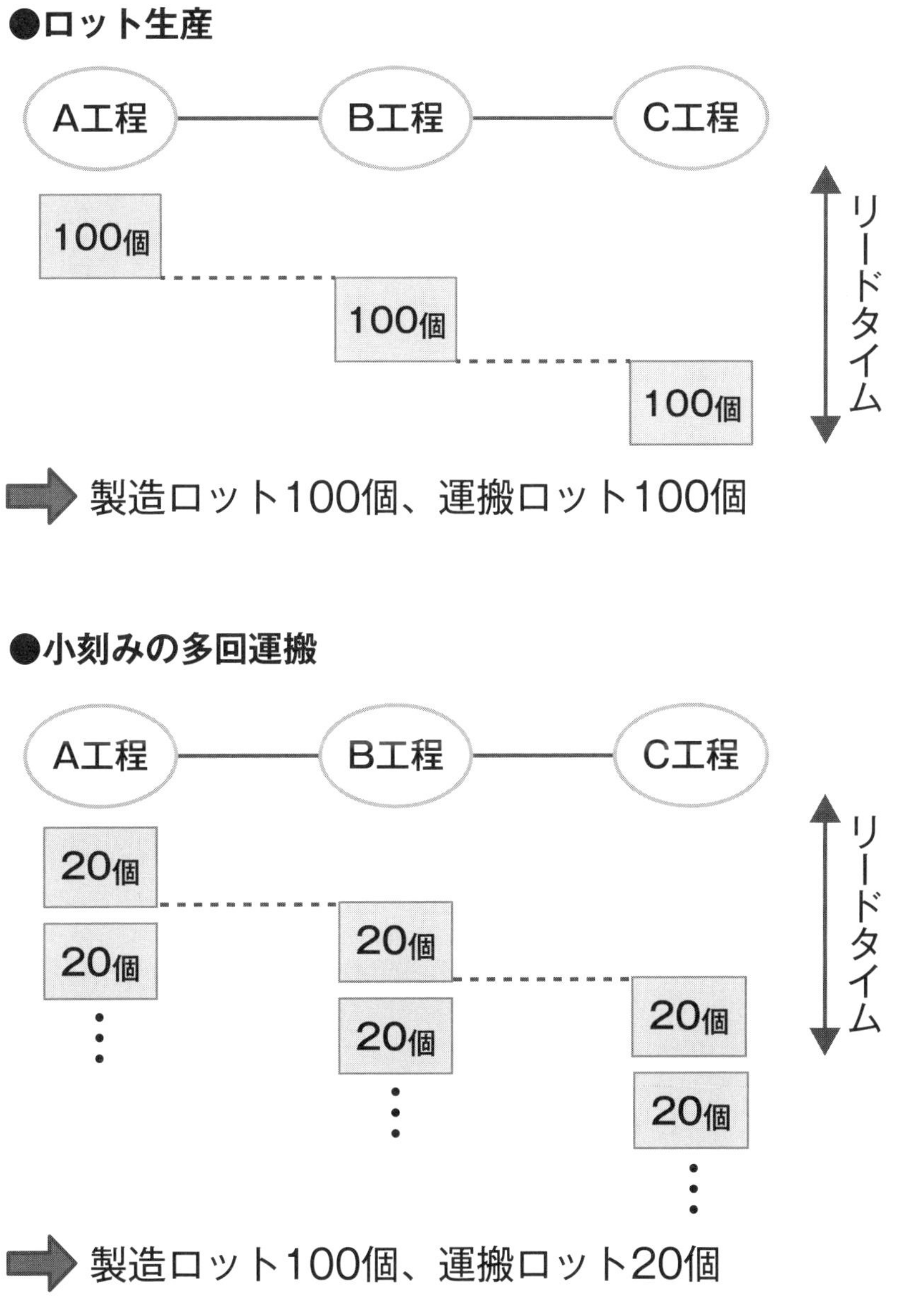

Section 8

機械故障と生産リードタイム

機械復旧時間を決める

自分たちで修理しよう

● MTTRとMTBF

機械故障と生産リードタイムの関係を理解するために、MTTRとMTBFについて説明しよう。

MTTR（Mean Time To Repair）とは、**機械の復旧時間**のことである。機械が故障した場合、どのくらいの時間で復旧できるかを示す。

MTBF（Mean Time Between Failure）とは、機械の**故障間隔**のことである。前回故障したときから、今回の故障までの時間である。

機械が故障すると、生産活動がストップしてしまうので、結果として生産リードタイムは長くなってしまう。そこで、生産リードタイムを短縮するには、機械故障が起きたら早く復旧させることが必要となる。

● 機械復旧時間の設定

機械復旧時間を短縮するには、**機械復旧時間を決めておくこと**である。

例えば、工場で使用している機械が30台あったとする。その1台1台に対して修理復旧時間の目標を決めていくのだ。

そのためには、第1章で述べた1日改善会を開催して、機械復旧時間を決めていく活動を行なうとよいだろう。

A機械の目標復旧時間を60分とすると、故障状況の調査もするのだが、故障パターンを想定するのだ。

そして、60分以内に修理完了するには、どういう部品を用意しておかなければならないか、ということを明確にしていく。

機械故障には、機械系と電気制御系の両方が含まれる。もし、保全マンが機械系しか修理できないのであれば、電気制御系のことも勉強しなければならない。機械メーカーの修理を頼むと、時間もお金もかかる。

だから、もし機械メーカーが修理に来る機会があれば、保全マンは必ず立ち合おう。

そして、自ら勉強して、次回からは社内で修理できるようにすることだ。このような取り組みにより、生産リードタイムが短縮していくのだ。

MTTRとMTBF

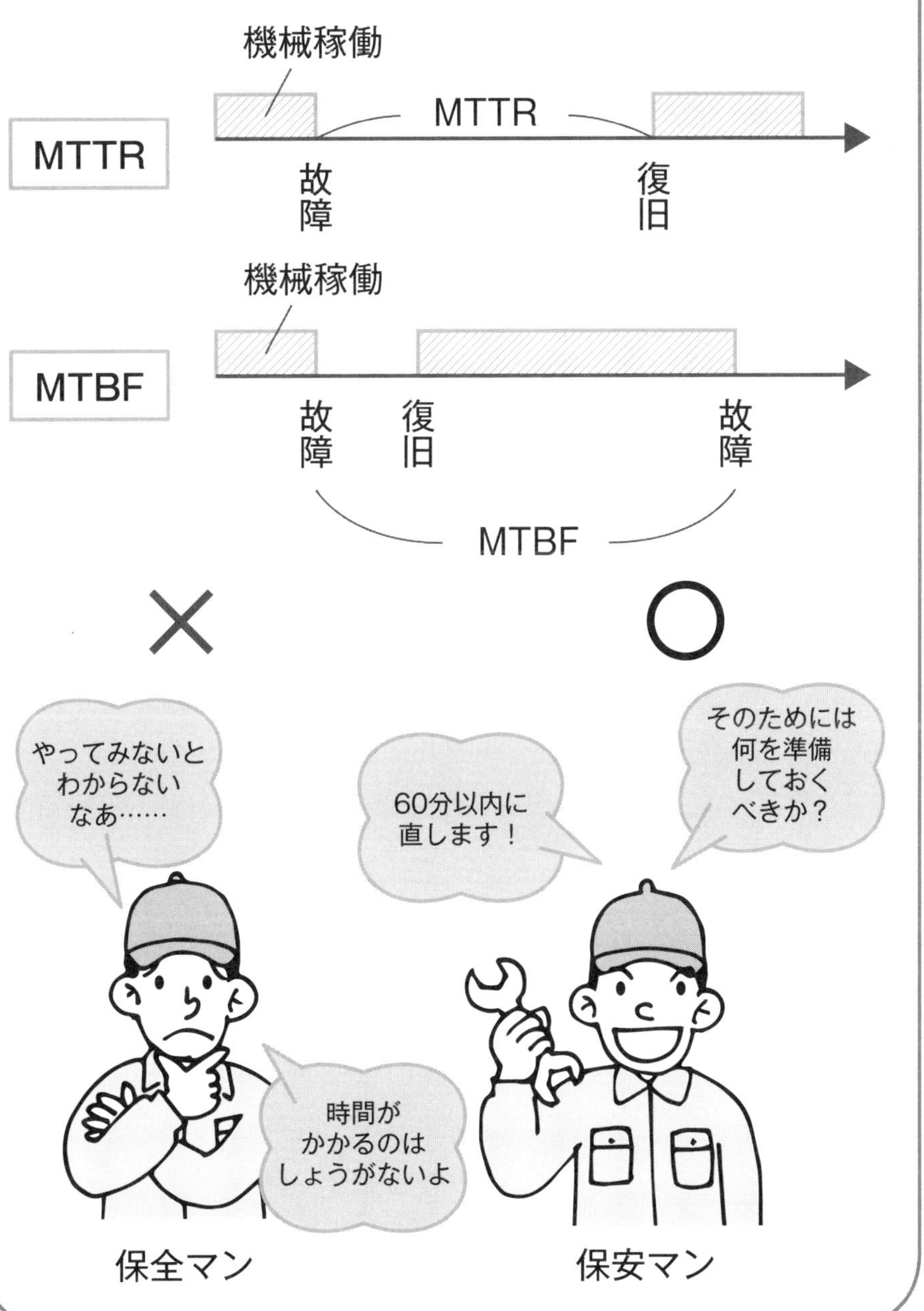
機械稼働
MTTR
MTTR
故障
復旧
機械稼働
MTBF
故障
復旧
故障
MTBF
×
○
やってみないとわからないなあ……
60分以内に直します！
そのためには何を準備しておくべきか？
時間がかかるのはしょうがないよ
保全マン
保安マン

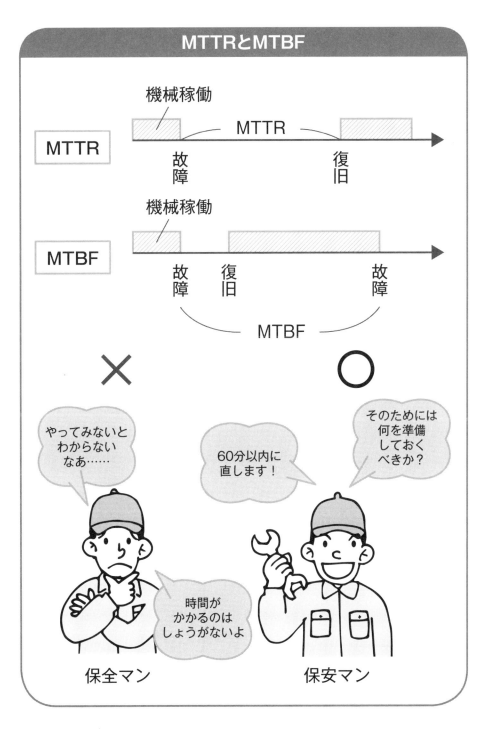

作業時間を短縮しよう

時間短縮のしくみづくりとは?

U字ラインの活用

第2章8項の「1ヶ流し方式」を見てほしい。1人が全工程を行なうことで生産性が向上するのだが、全工程を行なう時間を短縮できれば、生産リードタイムが短縮される。

1人が全工程を行なう場合には、最初の工程から最後の工程までをU字型のレイアウトにする。こうすると、最後の工程までの移動が効率的に行なえる。最後の工程が完了したら、ほとんど移動することなく、次の製品の最初の工程に着手できるのだ。

そして、1人が全工程を行なうことで、工程間の仕掛品がなくなり、製品が停滞することがなくなる。

また、1人が全工程を通して行なうことにより、**全工程を通した時間短縮が可能となる。**

例えば、製品を検査した後に検査済の箱に入れ、梱包するときに検査済の箱から製品を取り出すとする。このとき、検査と梱包を別々の人が行なうと、検査は検査工程、梱包は梱包工程の範囲内で時間短縮を考えることになる。だから、箱に入れるという検査と梱包の工程間の動作は考慮されない。

しかし、検査と梱包を同じ人が通して行なうと、検査したものを検査済の箱に入れるという動作がムダであることに気づく。検査済の箱に入れずに、検査したらすぐ梱包するというアイデアが浮かぶのだ。

このようにして、全体を考えることで時間短縮のアイデアが出てくる。

生産管理盤

単純動作の繰り返し（例えば、部品の組み付け作業）では、一定のリズムで作業を行なうとよい。

そこで、生産管理盤を設置して、計画数に対して、どのくらい進みや遅れが出ているかがわかるようにするとよい。

例えば、1個1分で生産できるとしたら、計画数は1分ごとに自動的に増えていく。1個生産すると実際の数が増えて、計画と実際の差が常に表示される。生産管理盤を設置して、一定のリズムで作業する環境を整えよう。

U字ラインと生産管理盤

●U字ライン

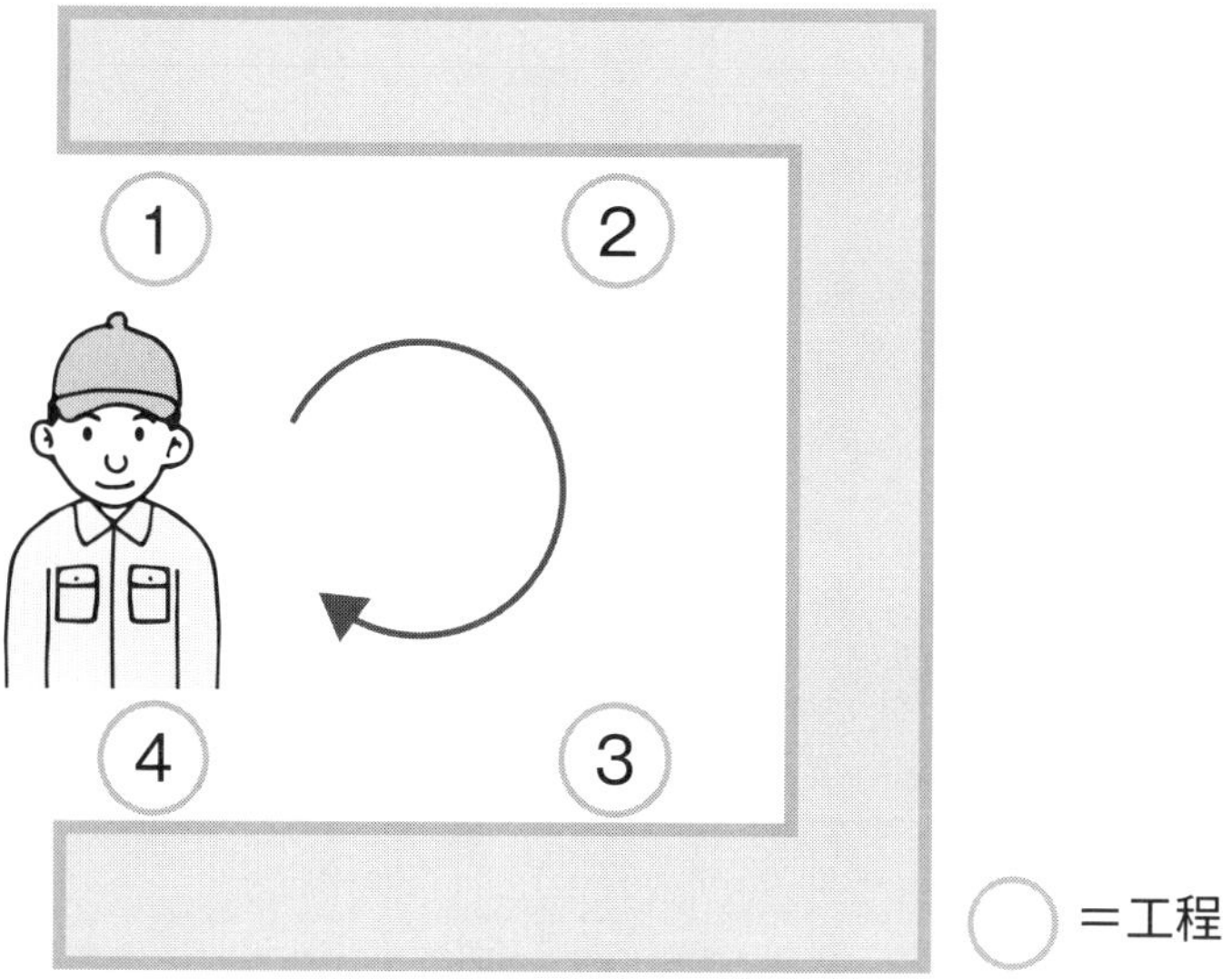

●生産管理盤

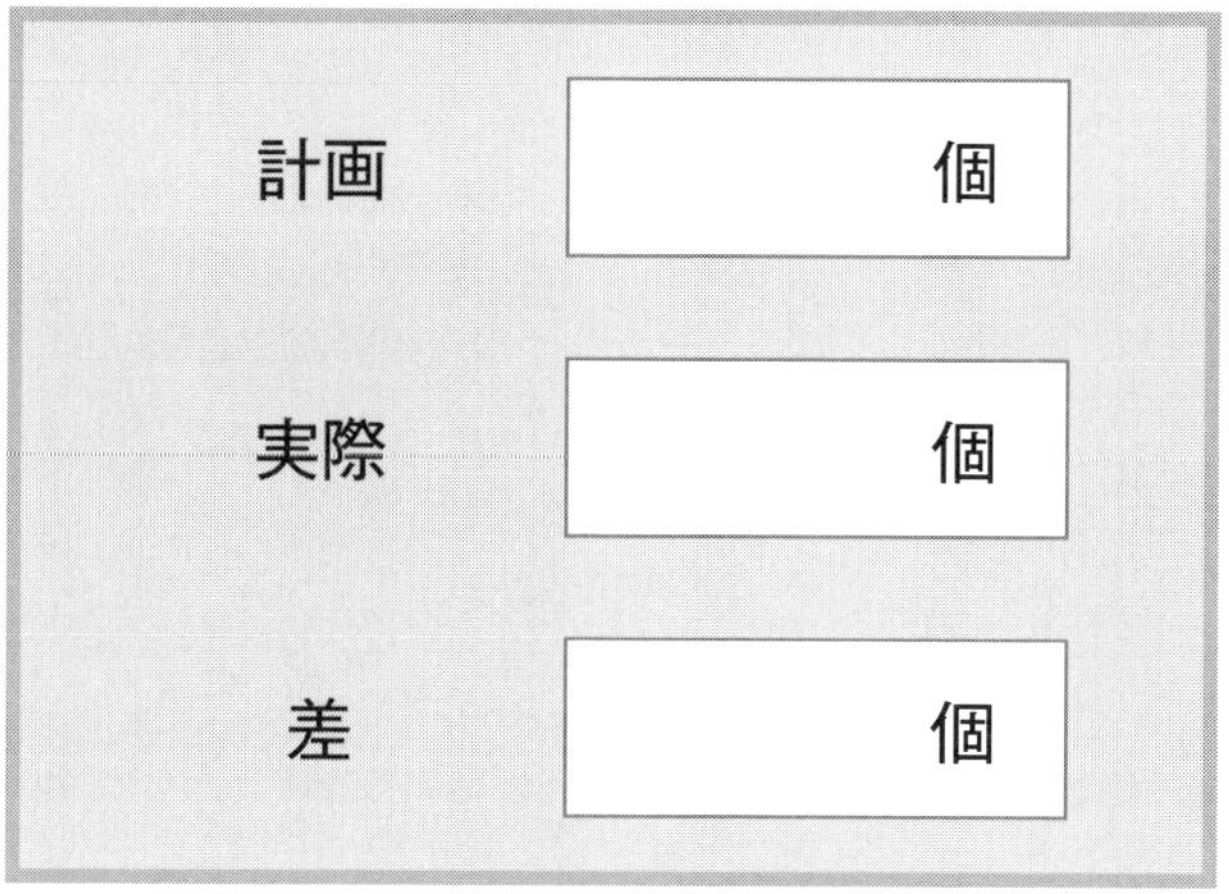

Section 10

購買担当者の役割

加工ではなく品質保証を依頼する

協力会社の作業期間を短縮する

生産リードタイムには、協力会社での加工時間も含まれる。だから、協力会社の作業期間（発注してから入荷するまでの日数）を短縮することが、生産リードタイム短縮に貢献するのだ。

そして、この時間短縮は生産リードタイム短縮において効果が大きい。なぜなら、社内の製造時間については、1時間単位で短縮を考えるのに、協力会社の作業期間については、1日単位で考えるからだ。よって、1日単位を1時間単位で考えるだけで、簡単に数時間の短縮が図れる。

そこで、購買担当者は、協力会社の作業期間の短縮を行なうのだ。そのためにはまず、協力会社に出向き、**正味の加工時間を観察する**ことだ。

例えば、協力会社の作業期間が3日としても、実際の正味加工時間は4時間くらいだったりする。

そこで、購買担当者は、作業期間を正味加工時間に近づけられないか、協力会社と交渉する。このような協力会社の作業期間の短縮こそ、購買担当者の重要な役割なのだ。

品質保証を依頼する

協力会社からの品質問題で生産リードタイムが長くなってしまうケースも多い。

そもそも協力会社に依頼しているのは、**加工作業ではなく、品質保証**なのだ。これは重要なポイントだ。

協力会社は、ただ単に加工作業だけをやれば、納入先が品質保証をしてくれるという認識がある。この認識を改めなければならない。協力会社は、自ら加工した製品の品質保証を責任を持って行なうべきなのだ。

そこで、まずは協力会社の納入品に対する受入検査をやめることを検討する。

受入検査を行なうということは、協力会社が「不良品を出しても受入検査で見つけてくれるだろう」という心の余裕を生む。そこで、受入検査を止めると、心の余裕がなくなり、品質保証に力が入る。結果として、品質向上に繋がるのだ。

協力会社の作業期間を減らす

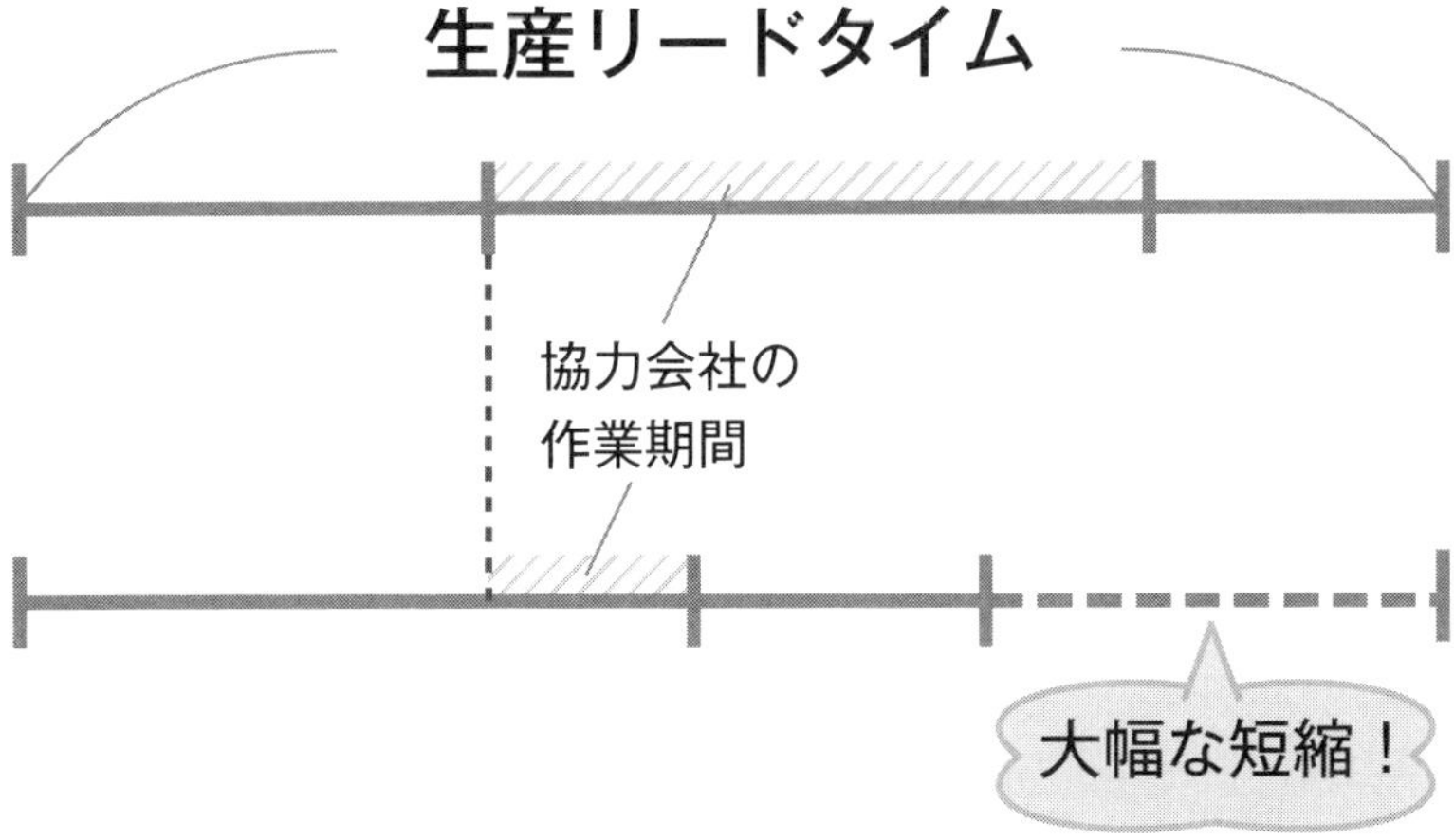

●品質保証を依頼する

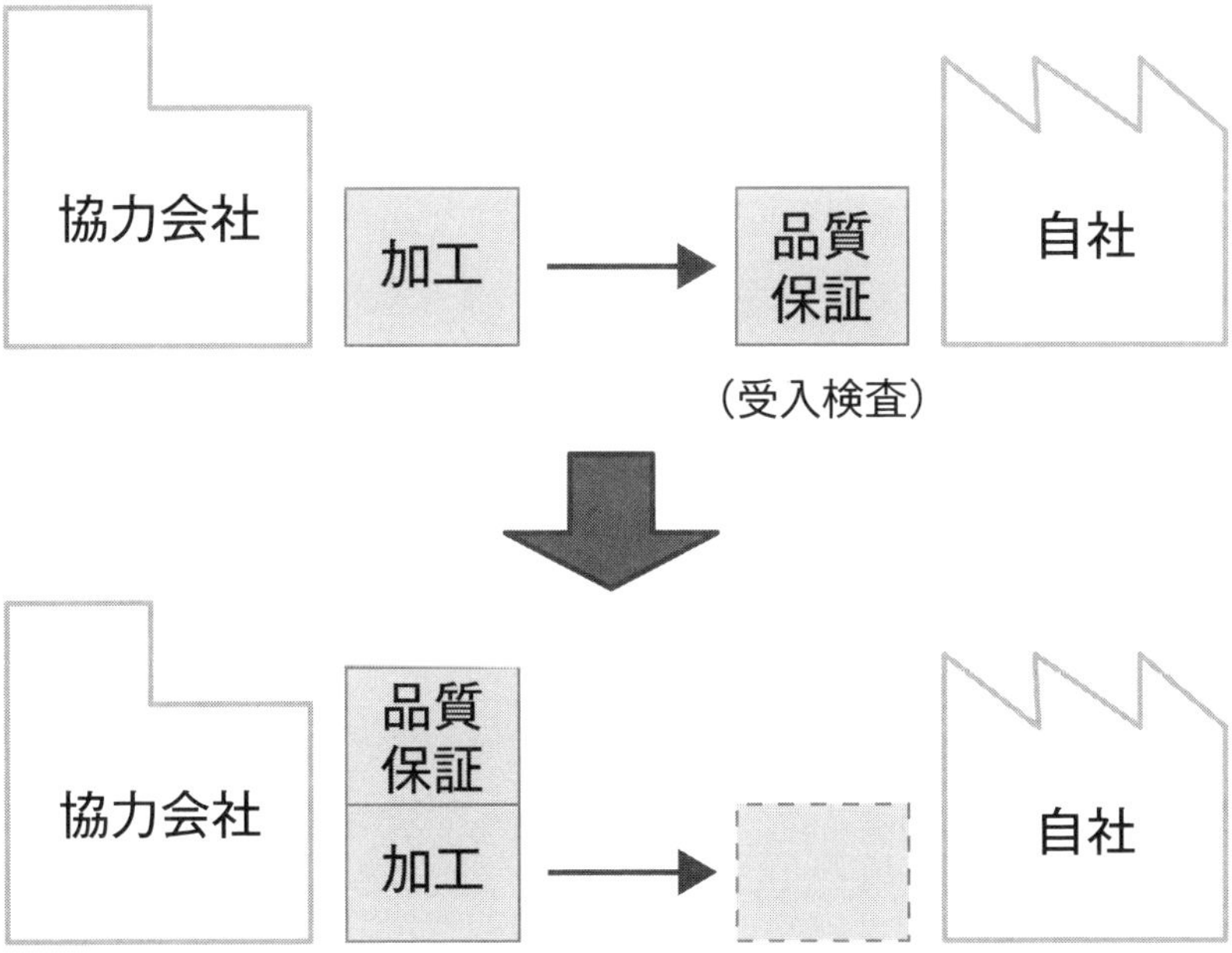

COLUMN 3

購買担当者の心得

第３章10項では購買担当者の役割について解説したが、購買担当者は「もし自分のお金で買うとしたら、こういう買い方をするか？」と自問することが大切だ。これは、VE（バリューエンジニアリング）を開発したGE（ゼネラル・エレクトリック）のL.D.マイルズの言葉である。

購買担当者にとって、発注に関する知識や手法も大切だが、最も大切なのは「自分のお金＝会社のお金」と考え、発注業務に魂を入れることだ。

購買担当者は「自分のお金」という発想を常に持つことが大切だ。会社＝自分ととらえ、主観的に購買業務を行なうことが必要である。そして、①過剰に在庫を持たず、②欠品をすることなく、購買を行なうことを目指していくのだ。

また、購買担当者は長く業務を担当しない方がよい。それは、材料メーカー、外注企業や協力会社など、仕入先と癒着してしまうからだ。担当者同士が長く仕事をしていると、強い要求や指示が出しづらくなってしまう。

実際、仕入先に強い要求ができず、振り回されている購買担当者が少なくない。いったいどちらが顧客なのかわからなくなっているケースもある。

こういった状況はお互いにとってよくない。だから、３年くらいを目安に購買担当者を変えることが望ましいだろう。

第4章

「品質向上」のためのカイゼン

Section 1

クレームと社内不良の関係

社内不良が増えるとクレームが減る原理

逆説的真理を知る

●品質向上とカイゼン活動

品質向上のために行なうカイゼン活動において最も大切なことは、品質管理における正しい考え方を身につけることだ。

なぜなら、考え方が間違っている限り、いくらカイゼン活動をしても効果が出ないからだ。

実は、品質管理においては、考え方が間違っていることが多い。そして、その間違いに気がついていない管理者が極めて多いのである。

●クレームと社内不良

まずクレームと社内不良の関係を理解しておきたい。

左ページ図Aを見てほしい。クレーム件数が徐々に減ってくるのと同じく、社内不良件数も減っている。つまり、**社内不良が減ってくると、クレームも減ってくる**という関係だ。多くの人は、これが常識的に正しいと考えている。

クレームを減らすには、社内不良を減らすべきか、増やすべきか、問われたら、減らすべきだと答えるだろう。

しかし、実は逆なのだ。図Bを見てほしい。クレーム件数が減ってくると、逆に社内不良件数が増えてくるという関係を示している。実はこれが正しい。

そもそもクレームとは、社内で発生した不良品が社外に漏れ、その不良品を顧客が発見したということだ。

ということは、クレームを減らすには、**社外に漏れる不良品を減らせばよい**。すなわち、社内の検査精度を高めればよいわけだ。

では、社内の検査精度を高めるとどうなるか？　結果として、社内不良件数は増える。

つまり、こういうことだ。

①社内の検査精度を上げる
②社内で発見される不良件数が増える
③社内不良の件数が増える
④社外に漏れる不良品の数が減る
⑤クレームが減る

この関係性を理解した上で、品質向上に向けたカイゼン活動を進めていくことが大切である。

クレームと社内不良の関係

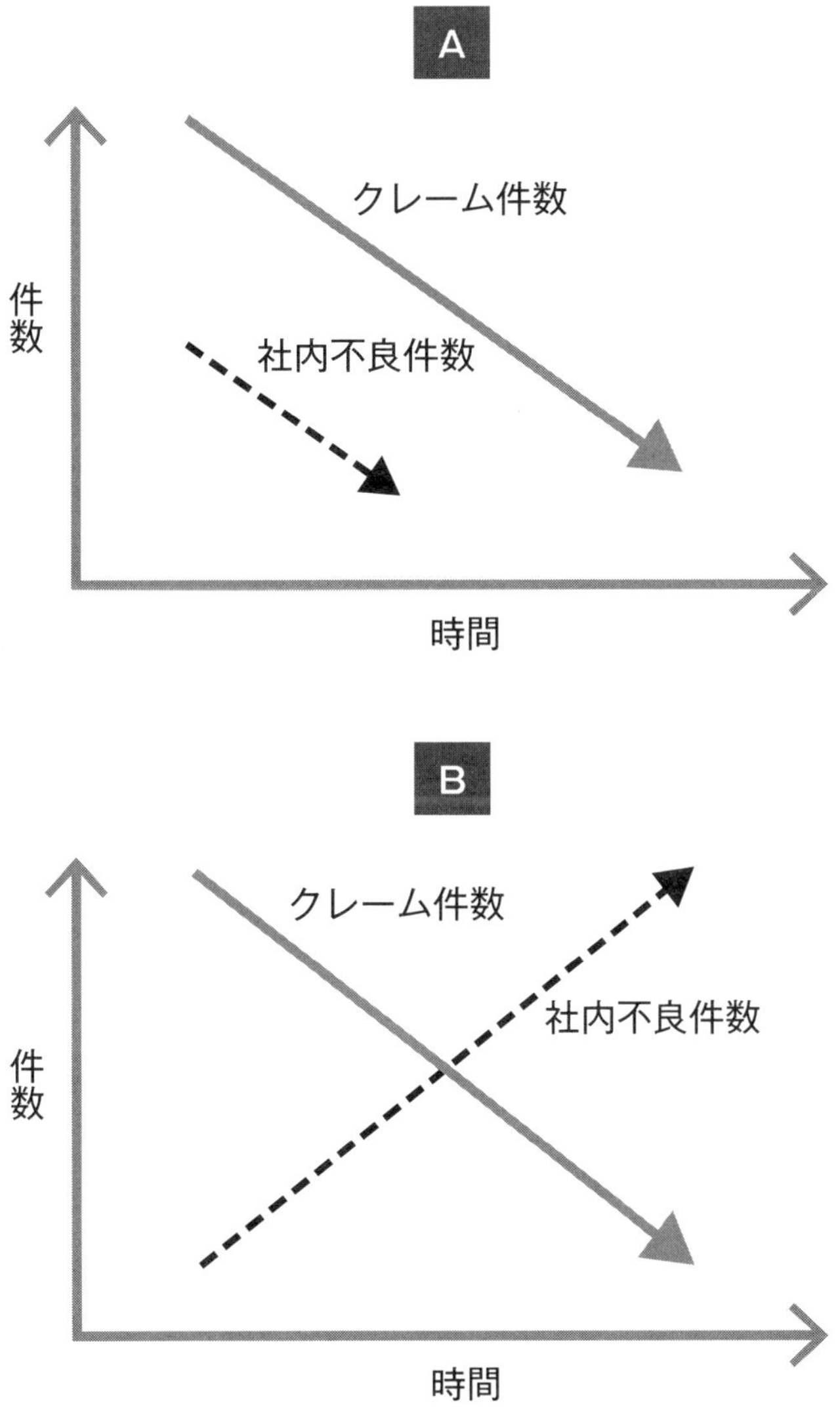

Section 2

顧客は流出原因に興味あり

不良の発生原因と流出原因の違い

顧客の本音を考える

●発生原因と流出原因

品質問題を出してクレームになったとき、品質保証責任者は原因究明と再発防止策を打つ。不良品の原因には、発生原因と流出原因の2つがある。

発生原因とは、**なぜ不良が発生したのか**ということだ。原因究明には、いつ、どの工程で、どういう理由で不良が発生したのかを追究するわけだ。

流出原因とは、**なぜ不良が流出したのか**ということだ。流出とは、社外に漏れてしまうことを指す。

再発防止策とは、今後クレームを出さないために何をするかということだ。

●顧客の関心

原因究明を行なう際、発生原因の究明に多大な労力を費やす場合が多い。しかし、**顧客は発生原因に関心はない**のだ。ここをしっかり理解する必要がある。

例えば、車が故障して、修理工場へ持って行ったとしよう。修理が完了して車を取りに行くと、修理担当者が故障の詳細を説明してくれる。このとき、あなたは車のオーナーとして、故障の詳細を知りたいだろうか？

あなたが知りたいのは、修理した車が安全に乗れるのかどうか（また故障しないかどうか）ということだろう。実際、あなたには車の技術的な知識がないから、故障の詳細を説明されても理解できない。

これと同じことが、発生原因の追究と顧客の心理についてもいえる。

顧客は、不良の発生原因について興味もなければ関心もないのだ。だから、発生原因に関する詳細な報告書をつくっても見ないだろう。

仮に見ても理解できないので、顧客には響かない。顧客は、流出原因に興味があるのだ。「あなたの工場で不良が出ようが出まいが構わない。ただ、私のところに不良品を納入してほしくない」というのが本音なのだ。

そして、今後不良品が納入されることはないと安心したいのだ。

この顧客心理を踏まえて、クレーム対応をすべきなのである。

クレームの流出原因と発生原因

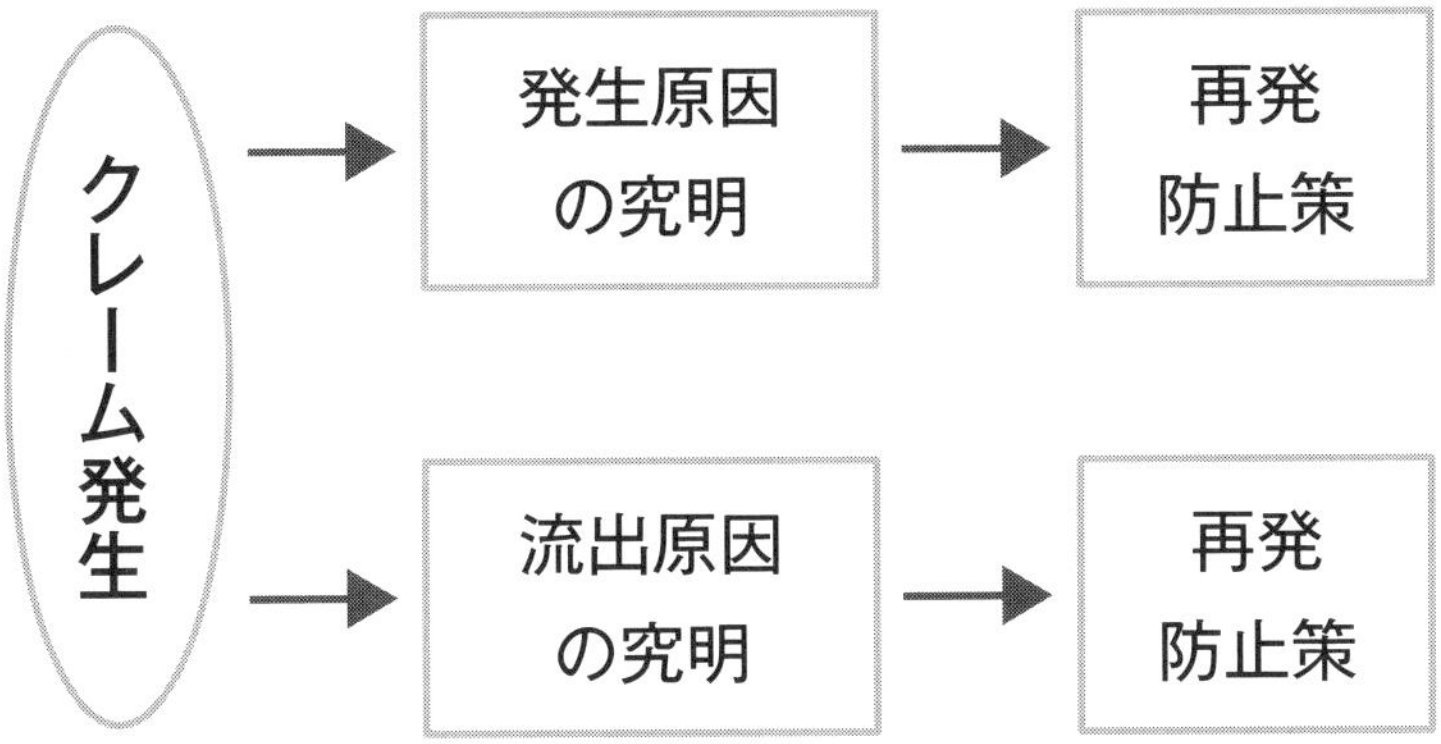

●顧客の関心

	高い	低い
クレーム発生	今後不良が納入されないか	発生原因の詳細
車の故障	今後安全に乗れるか	故障理由の詳細

Section 3

予防処置をしよう

予防処置とは？

4つの予防のポイントを押さえる

●予防処置とは？

予防処置とは、**不良が起こりえる状況の原因を除去することである**。つまり、不良が起こらないようにあらかじめ手を打っておくということだ。

例えば、人間の体において病気と健康の間を未病領域という。この未病領域のときに、健康領域に入れようとするのが予防処置である。

未病領域のときに何も手を打たないと、病気領域に入ってしまう。

●予防処置の進め方

予防処置のポイントは4つある。

①標準

今、不良を出していなくても、標準が守られているかを監査する。このとき、標準が守られていなかったら標準を守れるように教育訓練する。これで1件予防処置を講じたことになる。

②微調整

例えば製造条件の1つに電圧1・1Vがあるとしよう。このとき、電圧計の目盛が1V単位になっており、1・1Vには設定しにくいとする。この場合、0・1V単位の電圧計に換え、1・1Vにきちんと設定できるようにするのだ。これを行なえば、1件予防処置を講じたことになる。

③金型等の摩耗劣化

金型とは、製品を形づくるものである。金型や他の製品を形づくるものが摩耗すれば製品は不良になる。だから、金型がどこまで摩耗したら研磨、または修理するかという基準を決めるのだ。そうすれば、製品が不良になる前に金型を研磨、修理することができる。この処置を行なえば、予防処置を講じたことになる。

④機械故障

機械が故障すれば製品は不良になる。だから、機械が故障する前に部品を交換する。これは機械故障記録を1年とれば、故障の周期がわかり、予防保全（設備のトラブルを未然に防ぐこと）のしくみができるようになる。

予防処置を正しく理解して、現場で実践すれば、不良を未然に防ぎ、生産リードタイム短縮および生産性向上に大きく貢献できる。

予防処置のポイント

	正常 ◀――――――▶ 異常		
人間の体	健康	未病	病気
品質	良品が生産される	予防処置が必要	不良が生産される

予防処置　4つのポイント

① 標準が守られていないことで不良発生

② 微調整を要するところで不良発生

③ 金型類の摩耗によって不良発生

④ 機械故障によって不良発生

良品条件を知ろう

Section 4

良品条件とは？

不良の正しいアプローチ

● 不良の正しいとらえ方

不良が発生した場合、「なぜ不良が発生したのか」と発生原因を究明する。

例えば、ある製品を１００本つくって、３本が不良品だとすると、なぜ３本の不良が出たのかを考えるわけだ。

しかし、ここで大切なことは、**１００本中97本は良品がつくられたという事実**である。確かに不良品が発生したのであるが、ほとんどは良品であるのも事実なのだ。この事実を貴重な情報として活用すべきなのである。

具体的には、97本の良品ができたときと、３本の不良ができたときの「違い」は何かと考えていくのだ。すなわち、３本の不良と97本の良品をつくる場合の「**つくり方の違い**」を見つけていくのである。

そして、３本の不良をゼロにするのではなく、97本の良品を１００本にする方法を考える。不良をなくすということにおいて、３％の不良原因がわからなくても、１００％良品ができる条件がわかれば、それでよいのである。

工場でものをつくることの目的は、**不良の原因究明ではなく、良品をつくる**ことなのである。このような発想法を良品条件アプローチという。

● 良品条件の見つけ方

良品条件を見つけるには、実験を繰り返していく。

例えば、プラスチック製品のバリが出る不良があったとする。

従来の条件は、成形温度が１３４〜１３８度であり、ショットタイムは８・０〜８・２である。この条件で製造すると、不良率３％になる。そこで、成形温度とショットタイムをいくつか組み合わせて、バリがでるかどうかを実験してみるのだ。

実験の結果、成形温度が１２６〜１３０度、ショットタイムが８・６の条件で製造すると、バリが出ないことがわかった。そこで、今後はこの良品条件で製造をすることによって、バリという不良が出なくなるのだ。

この良品条件アプローチを不良低減に活用してみよう。

良品条件の見つけ方

●実験により良品条件を見つける

プラスチック製品のバリ不良

成形温度

144℃						
142℃				×		
140℃	×			×		
138℃	×					
136℃						
134℃						×
132℃	×					
130℃	×					○
128℃	×					○
126℃	×					○
	7.6	7.8	8.0	8.2	8.4	8.6

新条件

ショットタイム（秒）

良品条件アプローチ

○ 良品と不良ができるつくり方の違いは何か？

× 不良ができる原因は何か？

Section 5

ダブルチェックは効果的か?

ダブルチェックの弊害

検査工数は最小にする

●ダブルチェックの罠

検査漏れによるクレームが発生すると、検査工程の強化として、ダブルチェックを再発防止策に適用する場合がある。

ダブルチェックとは、ある検査員がチェックした後、別の検査員がもう一度チェックするという方法である。

しかし、**ダブルチェックは検査精度を高めない**。むしろ、検査精度が落ちてしまうのである。

例えば、最初に検査員Aさんがチェックして、その後検査員Bさんがチェックするとする。

このとき、最初に検査するAさんは「もし自分が検査で漏らしてもBさんがいるから大丈夫だろう」と考える。

一方、Bさんは「あのAさんがチェックしているのだから、ほとんど不良はないだろう」と考えてしまう。

結果として、AさんにもBさんにも「**心のゆるみ**」が生じてしまうのだ。だから、検査精度が上がらないばかりか、逆に下がってしまうのである。

ダブルチェックをしても検査漏れによるクレームが発生すると、トリプルチェック（3人がチェックする）を再発防止策にするケースもある。

そもそも、ダブルチェックという検査回数を増やす再発防止策が機能しなかったのに、検査回数を増やす対策を打っても機能するはずがない。

●検査工数増加の弊害

検査工程というのは、付加価値を生み出していない。とはいえ、検査工程は顧客に対して品質保証をしているので、なくすわけにはいかない。

確かに、顧客からクレームを受けた場合は、絶対に再発させないための対策が必要だ。

しかし、同時に検査工数を最小にしていくカイゼンを行なうことも必要なのである。検査工数が増えてしまうと、生産性は下がっていく。

また、検査工数を増やすと、検査工程の時間が長くなるので、生産リードタイムを長くしてしまうことにもなる。だから、検査工数を最小にしなくてはならない。

ダブルチェックの弊害

●検査工数増加の弊害

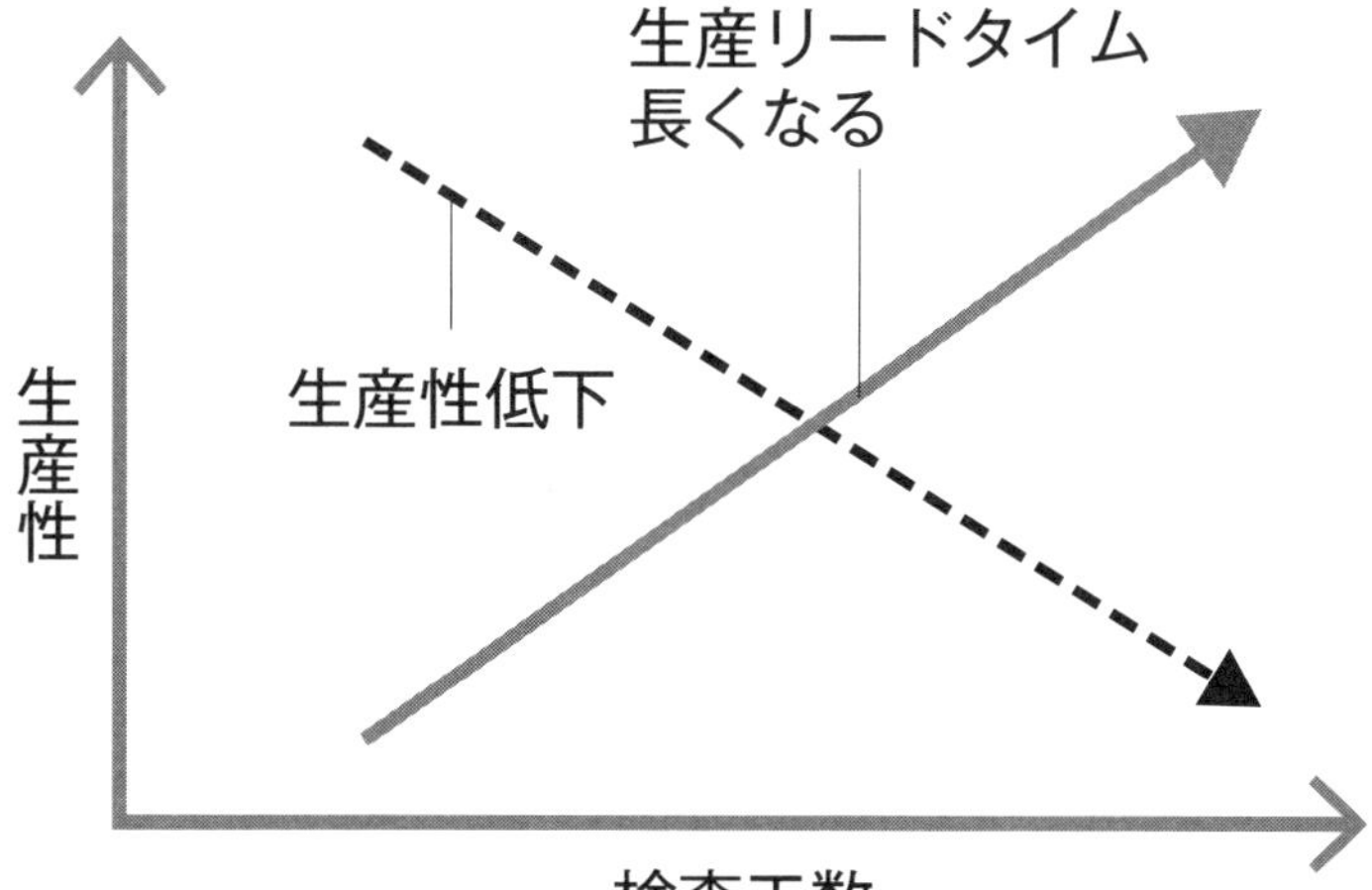

Section 6

平均値は必要か?

平均値の弊害

大切な情報が消える

●平均値をとる意味

品質管理のデータ分析において、平均値が使われる場合がある。おおまかな状況把握という目的で平均値をとるわけだ。

しかし、平均値をとると大きな弊害が起こる。それは、**大切な情報が消えてしまう**ということだ。

そして、正しい判断ができず、次にとるべき正しい行動がとれなくなってしまうのである。

例えば、A君とB君が国語と算数のテストを受けたとする。結果は、A君は国語10点、算数90点であった。一方、B君は国語51点、算数49点であった。ここで平均点を算出すると、A君とB君ともに50点となり、平均点は同じである。しかし、A君とB君が次のテストに向けてとるべき対策(行動)は異なるはずだ。

A君は国語が苦手だから、国語の点数を上げるための対策が必要となる。既に90点とっている算数をどれだけがんばっても、あと10点しか伸びないが、国語はまだまだ点数アップが期待できるのだ。B君は、国語も算数もほぼ同じ点数なので、次のテストの対策としては、両方の科目を勉強して点数アップを目指すことだろう。

●平均値をとる副作用

平均値は、付加価値生産性やカイゼン活動にも悪影響を及ぼす場合がある。これも事例で説明しよう。

設計部に属するC君は、図面を描くのに50分かかる。D君は、図面を描くのに90分かかる。このとき、図面を描く平均時間は70分である。そうすると、図面は1枚あたり70分という基準で予定を立ててしまう。そうすると、A君は50分で描けるにもかかわらず、70分という基準に合わせて作業をすればよいと考える。これは付加価値生産性を下げることになるのだ。

また、基準となる70分を時間短縮するカイゼンを行なう場合もあるが、そもそもA君は50分でできるのだから、70分を短くするカイゼンは意味がない。A君の50分を短くすることがカイゼンなのだ。

平均値をとる弊害

名前＼科目	国語	算数	平均点
A君	10点	90点	50点
B君	51点	49点	50点

➡ 平均点は同じでも、A君とB君の対策は異なる

名前＼作業	図面A	平均
C君	50分	70分
D君	90分	

➡ C君は50分で描けるのに、70分でやればよくなってしまう

POINT

平均値をとると大切な情報が見えなくなってしまう。
平均値をとる前の事実情報をしっかり分析しよう

Section 7

時系列と不良の顔

不良の正しいとらえ方

正しくとらえなければキズ不良は減らない

時系列でとらえる

不良の実態把握をするときに大切なポイントは、**不良を時系列でとらえる**ことだ。

時系列とは、製造した順に、製品の検査をしていくことである。

例えば、ある部品を製造している場合で説明しよう。

この部品はＮＣ機械（Numerically Controlled Machine：数値によって制御する機械）でつくっており、10本に1本検査しているとする。

時系列で検査していれば、不良が発生した場合でも、今つくった10本だけ全数検査をすればよい。

もし時系列で検査せず、全て製造が終わってから抜き取り検査で不良が見つかった場合は、全数検査をするか、ロット不良（製造ロット全て不良）になってしまう。

したがって、時系列で検査することにより、**不良を最小限に食い止められる**のだ。

不良の顔をとらえる

不良の集計や記録においては、ほとんどの場合、不良率の推移やグラフ、そして不良の項目が対象となっている。

中には、ＰＣを駆使してカラフルな報告書をつくっている場合もある。しかし、こういったデータから不良を具体的に削減するアクションがとれるケースは稀だ。大切なのは、「**不良の顔＝不良の詳細**」である。

例えばキズ不良だとすると、製造開始直後に連続して発生したキズなのか、周期的に発生しているのか、キズの大きさや発生個所などだ。不良の現物を残しておくことや、写真をとっておくとよいだろう。

このような「時系列」と「不良の顔」というとらえ方をせず、「今月はキズ不良が10件（不良率3％）、先月は8件（2％）でしたので、キズ不良は先月に比べて2件（1％）増加しました」という集計をしても、キズ不良が減ることはない。

時系列と不良の顔という2つの視点から不良を正しくとらえよう。

不良の正しいとらえ方

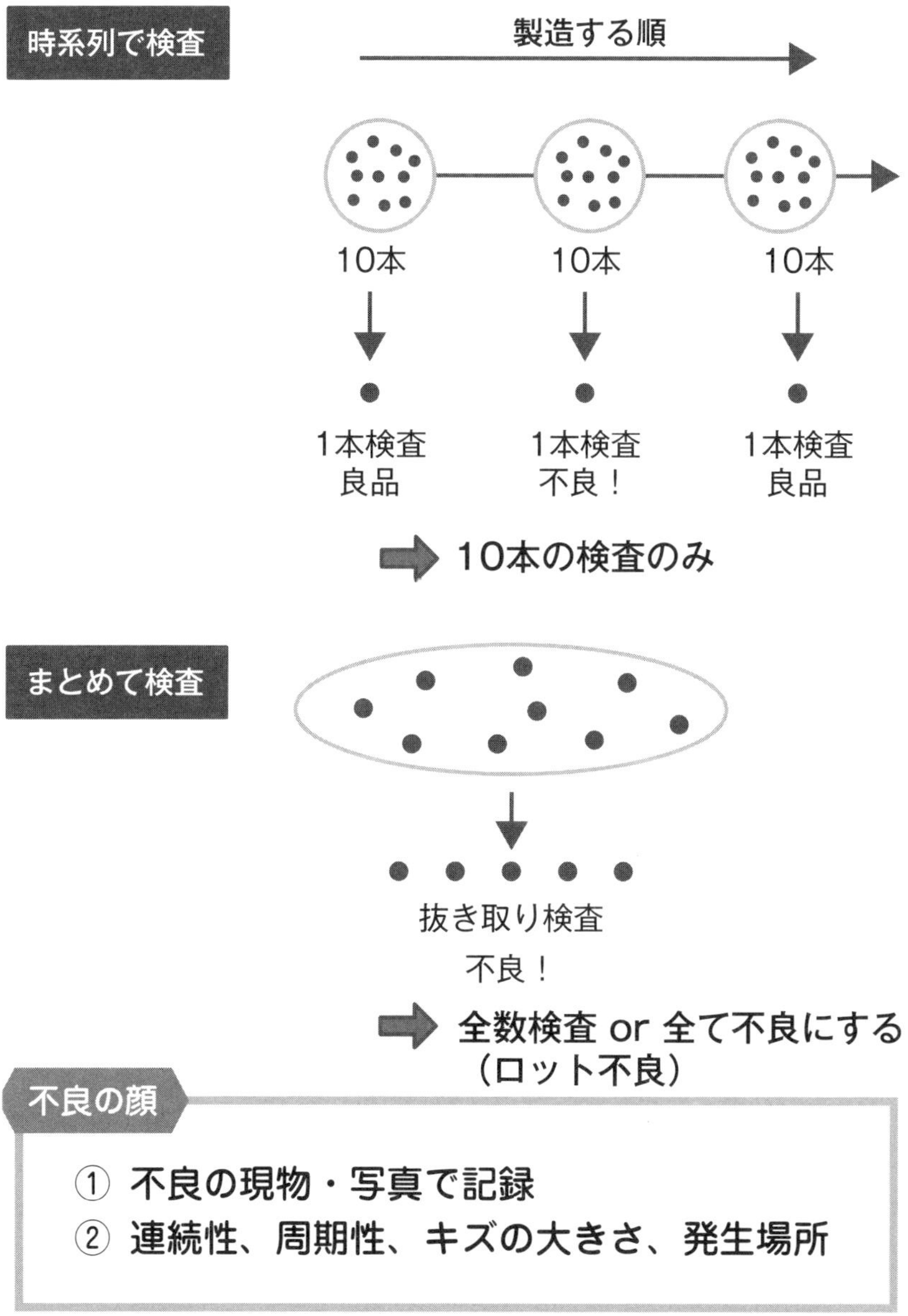

不良の顔

① 不良の現物・写真で記録

② 連続性、周期性、キズの大きさ、発生場所

Section 8

製造プロセス

製造プロセスを理解しよう

不良には、原因と結果の法則がある

●製造プロセスとは？

我々の前で起こる現象は、**原因と結果**から成り立っている。例えば、太陽の光に当たると、影ができる。これは、太陽の光という原因があり、結果として影ができるのだ。

そして、結果を変えるためには、その原因を変える必要がある。この原因と結果という考え方は、製品の品質についても同じなのだ。

左ページ図の製造プロセスを見てほしい。不良ができるか、良品ができるかは結果である。そして、正しい作業が行なわれたか否かが原因である。

つまり、結果として不良ができるということは、その原因となる正しい作業が行なわれていないと考えるのだ。

正しい作業とは、**正しい製造条件と製造手順**である。正しい作業で製造すれば、全て良品になる（不良はできない）のである。

●品質管理者の役割とは？

品質管理者は、製造条件と製造手順を勉強するべきだ。そして、製造部門に対して、不良を出さない作業（製造手順・製造条件）を提案していくことが必要だ。

例えば、料理をつくるとしよう。料理の品質（味）を決めるのは、料理の条件（火加減、調味料の量、料理器具など）と料理の手順（具材を入れる順番、盛り付け手順など）である。

正しい作業（料理レシピ通りの条件と手順）でつくれば、おいしい料理ができるに決まっている。おいしくない料理ができてしまったときに、その料理の味や成分を分析することにどれだけの意味があるだろうか。

大切なことは、おいしい料理をつくることだ。だから、おいしい料理ができるように、料理レシピ通りにつくっているかどうかを監査することに意味がある。

品質管理者は、結果の分析ではなく、原因の監査をすることが大切なのだ。正しい原因（製造条件・製造手順）であれば、正しい結果（良品）が出る。この製造プロセスの考え方で不良を未然に防ぐ活動に力点を置こう。

製造プロセス

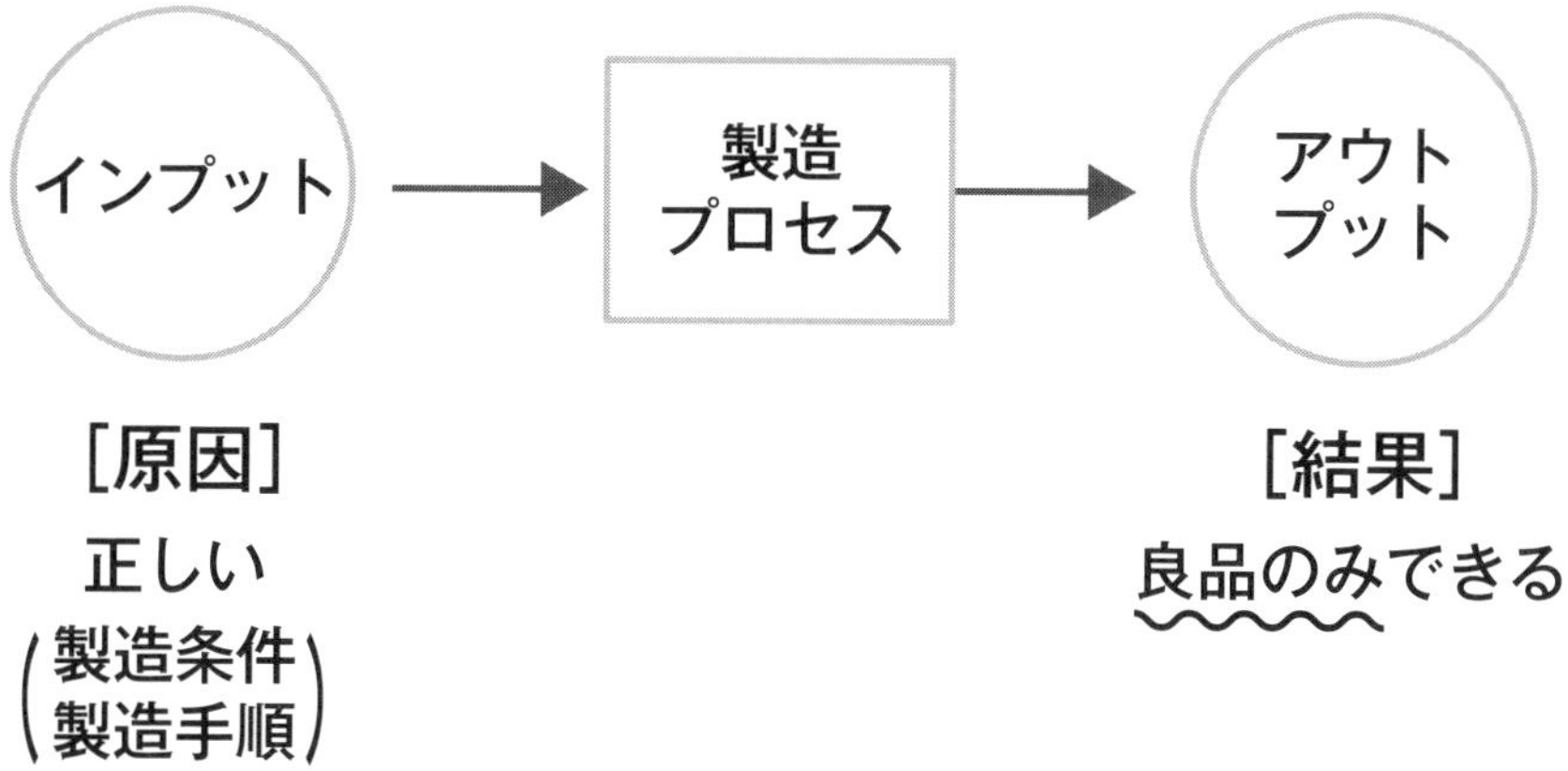

●影を変えるには光の当て方を変える

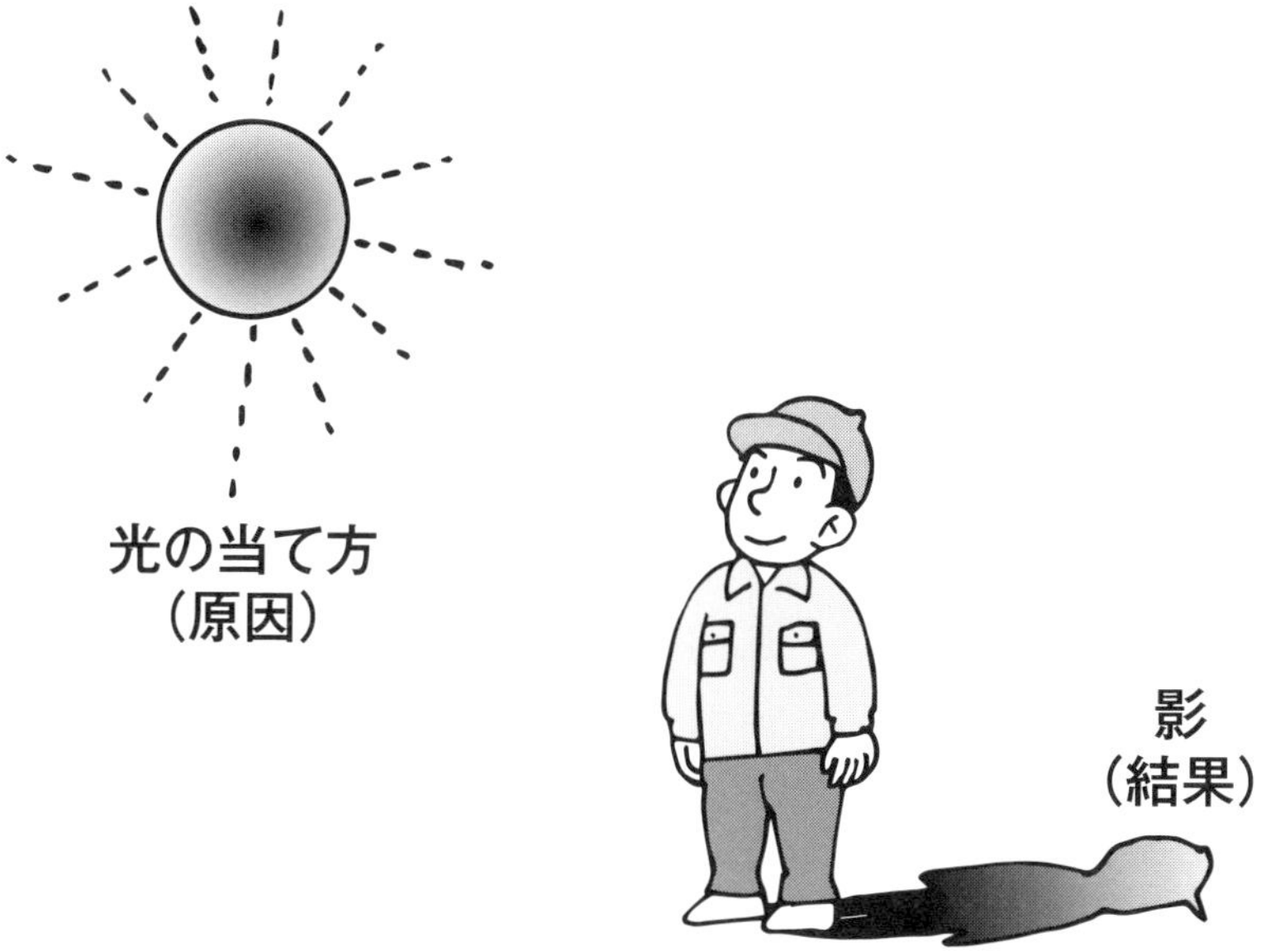

Section 9

なぜ？　なぜ？　原因追究

「なぜ5回」の原因追究

真因を見つけ出そう

●原因追究アプローチ

社内不良が発生して、原因究明を行なう場合、「なぜ？」を繰り返していくことで**真因（本当の原因）を見つけ出すとよい**。1回だけ「なぜ？」と原因追究しただけでは、表面的な現象に過ぎず、真因に到達しないからだ。

具体的な事例で説明しよう。プラスチック製品（射出成形）にキズがついてしまった不良に対する原因追究の例である。

（なぜ1）なぜ、キズがついたのか？

製品を取り出すロボットの吸着盤がうまく作動せず、製品が金型にぶつかることでキズがついた。

（なぜ2）なぜ、ロボットの吸着盤がうまく作動しなかったのか？

ロボットの吸着盤が本来の吸着位置からずれていたからだ。

（なぜ3）なぜ、吸着位置がずれてしまったのか？

吸着盤を固定しているボルトがゆるんでいたからだ

（なぜ4）なぜ、ボルトがゆるんでいたのか？

始業前にボルトの点検をしていなかったので、ボルトのゆるみに気づかなかったからだ。

（なぜ5）なぜ、始業前にボルトの点検をしていなかったのか？

ボルト確認の点検基準が定められていなかったからだ。

（対策）ボルトの点検基準書をつくり始業前に点検を実施すること

●真の再発防止になる

このように5回なぜを繰り返すと、真因にぶつかり、真の再発防止策を立てることができる。

逆に、再発している問題は、真因に対して対策が講じられていない場合が多い。

不良が発生すると、材料費（場合によっては外注費も）の損失、社内の工数の損失が発生するため、付加価値生産性が低下する。そして、再作製のため生産リードタイムも長くなる。

「なぜ5回」の真因追求により、不良の再発防止を徹底しよう。

「なぜ5回」で真因を追究する

なぜ1	なぜ、キズがついたのか？ ロボットの吸着盤がうまく動作せず金型にぶつかったから
なぜ2	なぜ、うまく動作しなかったのか？ 吸着位置がずれていたから
なぜ3	なぜ、ずれてしまったのか？ ボルトがゆるんでいたから
なぜ4	なぜ、ゆるんでいたのか？ ボルトの点検していなかったから
なぜ5	なぜ、点検していなかったのか？ 点検基準が定められていなかったから

↓

対策　ボルトの点検基準をつくる

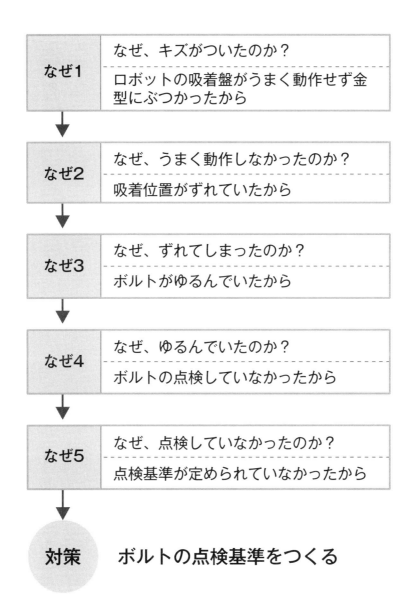

Section 10

第一種と第二種の誤り

第一種・第二種の誤りを理解しよう

検査力をアップする

品質保証の2つの誤り

品質保証には、2つの誤りがある。

第一種の誤りとは、**良品であるのに不良と判断してしまう誤り**である。この第一種の誤りは、生産性を低下させ、会社に損害を与えることになる。

一方、第二種の誤りとは、**不良であるのに良品と判断してしまう誤り**である。この第二種の誤りは、クレームとして顧客に不満足を与えることになる。

品質保証関係者は、第一種の誤りと第二種の誤りを犯さないためには、何が必要であるかを考えていかなければならない。

例えば、限度見本を活用するのも1つの方法である。限度見本とは、良品または不良品になる品質の限度を示した製品見本である。

具体的には、顧客から不良品として指摘された現物（不良品そのもの）が、不良品の限度見本と考えてよい。

検査ボックスで検査力アップ

限度見本の活用により、品質基準を明確にすることで、検査精度は高まっていくが、**検査員の検査力をアップすることも必要**だ。検査基準が明確であっても、検査する人が見逃したり、ミスしたりしては、結果として第一種の誤り、もしくは第二種の誤りを犯してしまうからだ。

検査力を向上させるために、**検査ボックス**という方法がある。

検査ボックスの中に、製品を50個入れておく。その中に、不良を1個（寸法が外れたもの、もしくは外観に問題があるもの）混ぜておく。そして、検査員に検査ボックスの製品を検査してもらい、この不良品を何分何秒で検出できるかを実験するのだ。

その結果、最も早く正確に不良品を検出できた検査員が、最も優秀な検査員である。

検査の始業時、検査員に検査ボックスを行なわせることで、実際の作業において検査精度が向上するのだ。

この検査ボックスを活用し、検査員の検査力を向上させてほしい。

品質保証２つの誤り

第一種の誤り

良品を不良と判断してしまう

↓

会社に損害を与えてしまう

第二種の誤り

不良を良品と判断してしまう

↓

顧客に不満足を与えてしまう

検査員はどちらかの誤りを犯してしまう

POINT

たまには全て良品にしてみるのも検査力アップになる（不良が見つからない）

COLUMN 4

平均値の危険性

第４章で平均値の弊害について解説したが、この平均値がもたらす影響は広範囲に及ぶので、本文で解説できなかった事例を紹介しよう。

ある建設会社の社長は、顧客満足度を測るために、顧客アンケートを実施することにした。アンケートを担当した担当者は、さっそく満足度を測る５段階評価のアンケートを、顧客企業10社に配布した。

その評価基準は、「５点：とても満足　４点：満足　３点：普通　２点：不満　１点：とても不満」というもので、顧客にはこの中からどれか１つを選択してもらうというものであった。アンケートの回収が終わり、担当者は結果を集計し、社長に報告した。

その報告内容は、「各社からの集計結果の平均は4.6点」というもので、それを聞いた社長は、「顧客はおおむね我が社のサービスに満足している」と考えた。

しかし、その内訳は、９社が「５点」で、１社が「１点」というアンケート結果だったのだ。確かに、10社の合計得点は46点であり、平均すると4.6点となる。ただ、「とても不満足と感じている顧客がいる」という重要な情報が消えてしまったのである。

この１点をつけた顧客の立場で考えたい。日ごろから不満足と感じているところに、アンケートがきて、そこへ不満足と回答しているのに、その後何も対応がないということになる。これでは、この顧客を失うのは時間の問題だ。

平均値とは本当に危険な指標である。

第5章

カイゼンに
活用できるツール

Section 1

受注情報が一目でわかる

目で見る管理（受注管理板）

受注残を把握しよう

目で見る管理とは?

誰が見ても一目でわかる管理方法を「目で見る管理」と呼ぶ。

管理の方法はさまざまであるが、担当者は詳細を把握していても、担当者以外はわからないことが多い。これでは管理が成り立たない。だから、誰が見ても一目でわかる方法で管理するのが望ましい。

例えば、野球場のスコアボードは点数がどのように入ったかが、誰が見ても一目でわかる。

そこで、目で見る管理で使う管理板を紹介しよう。

受注管理板

受注管理板は、受注残（受注済みで、まだ出荷していないもの）を全て貼り出し、**「誰に、いつ、何を何個」**納品するかを把握するものである。

横軸にはカレンダー日をとり、縦軸は顧客別に分ける。

縦軸と横軸ができたら、個別の受注情報を貼り付けていく。

例えば、次のような注文の場合、

（納期）4月1日　（顧客）A社

（注文）M製品　100個

まず付箋紙やカードに、①A社（顧客名）②M製品（製品名）③100（数量）④4月1日（納期）を記載し、横軸は4月1日（納期の日付）の枠、縦軸はA社（顧客名）の枠に貼る。

受注管理板の運用

受注管理板で行なうことは、

①新たに受注したら貼る

②出荷したらはがす

という2つだけである。

このように運用しておけば、**管理板をいつ誰が見ても、受注残が一目で把握できるようになる。**

また、過去の日付に何か貼られていたら、納期遅れが起こったということも目で見てわかるようになるのだ。

受注情報は全工程に関係する重要な情報である。

この受注情報を誰が見てもわかるように、受注管理板をつくることから始めてみよう。

料金受取人払郵便

神田支店
承　　認

8175

差出有効期間
平成28年７月
14日まで

郵便はがき

1 0 1-8 7 9 6

5 1 1

（受取人）
東京都千代田区
神田神保町１－41

同文舘出版株式会社
愛読者係行

毎度ご愛読をいただき厚く御礼申し上げます。お客様より収集させていただいた個人情報は、出版企画の参考にさせていただきます。厳重に管理し、お客様の承諾を得た範囲を超えて使用いたしません。

図書目録希望　　有　　無

フリガナ お名前		性　別 男・女	年　齢 才
ご住所	〒 TEL　（　　）　Eメール		
ご職業	1.会社員　2.団体職員　3.公務員　4.自営　5.自由業　6.教師　7.学生　8.主婦　9.その他（　　）		
勤務先分類	1.建設　2.製造　3.小売　4.銀行・各種金融　5.証券　6.保険　7.不動産　8.運輸・倉庫　9.情報・通信　10.サービス　11.官公庁　12.農林水産　13.その他（　　）		
職　種	1.労務　2.人事　3.庶務　4.秘書　5.経理　6.調査　7.企画　8.技術　9.生産管理　10.製造　11.宣伝　12.営業販売　13.その他（　　）		

愛読者カード

書名

◆ お買上げいただいた日　　　　年　　月　　日頃

◆ お買上げいただいた書店名　（　　　　　　　　）

◆ よく読まれる新聞・雑誌　（　　　　　　　　）

◆ 本書をなにでお知りになりましたか。

1．新聞・雑誌の広告・書評で　（紙・誌名　　　　　）

2．書店で見て　3．会社・学校のテキスト　4．人のすすめで

5．図書目録を見て　6．その他（　　　　　　　　）

◆ 本書に対するご意見

◆ ご感想

●内容	良い	普通	不満	その他（　　　）
●価格	安い	普通	高い	その他（　　　）
●装丁	良い	普通	悪い	その他（　　　）

◆ どんなテーマの出版をご希望ですか

受注管理板の例

顧客＼日付	4月1日	4月2日	4月3日	…
A社				
B社				
C社				
その他				

A 社
M 製品　100個
納期　4月1日

顧客名、製品名、数量、納期を書いて、納期の日付の枠に貼り付ける
（付箋紙やカードを使う）

POINT

色分けすると、遠くから見てもわかりやすい。だから、勘違いも起こりにくくなる

Section 2

入荷情報が一目でわかる

目で見る管理（入荷管理板）

入荷状況を把握しよう

入荷管理板とは?

入荷管理とは、主に次の2つの状況を把握することである。

①材料の入荷

②外注品の入荷

いつ、どこから、何が、何個入荷されるか、一目で見てわかるようにするのだ。

管理板の横軸にはカレンダー日をとり、縦軸は協力会社（材料メーカーや外注依頼先の会社）別に分ける。

縦軸と横軸ができたら、個別の入荷情報を貼り付けていく。

例えば、次のような入荷の場合、

（入荷予定）　4月1日、（協力会社）A社、（内容）X製品　10個

まず付箋紙やカードに、①A社（協力会社名）②X製品（内容）③10（数量）④4月1日（入荷予定日）を記載し、横軸は4月1日（入荷予定の日付）の枠、縦軸はA社（協力会社名）の枠に貼る。

入荷管理板の運用

入荷管理板で行なうことは、

①新たに依頼したら貼る

②入荷したらはがす

という2つだけである。

このように運用しておけば、前項の受注情報同様、管理板をいつ誰が見ても、入荷予定や入荷状況が一目で把握できるようになる。

過去の日付に何か貼られていたら、**入荷遅れが起こったということも目で見てわかるようになる。**

カムアップシステムの活用

入荷予定日に入荷されればよいのだが、協力会社の規模や状況によっては、入荷が遅れる場合もある。

このような遅れに備え、事前にカムアップシステムを行なうとよい。

カムアップシステムとは、入荷予定の前日に、協力会社の担当者に電話などで連絡をとり、明日、予定通り入荷されるのかを確認することである。

このカムアップシステムにより、急な入荷遅れによる自社の生産計画調整が減る。

入荷状況の把握とともに、カムアップシステムも活用しよう。

入荷管理板の例

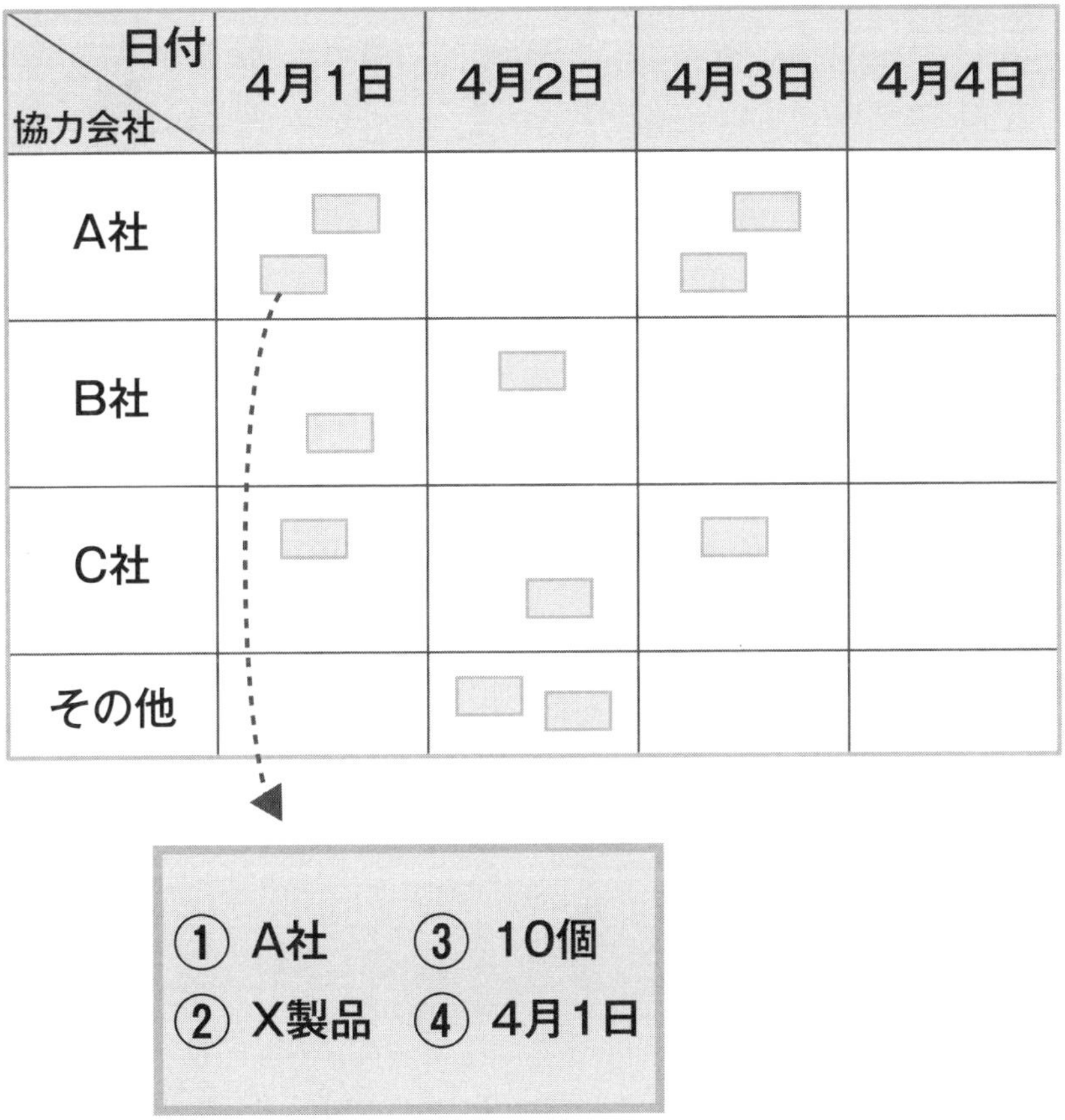

POINT

カムアップシステムによって
事前確認をしておこう

Section 3

生産計画が一目でわかる 目で見る管理（週生産管理板）

生産計画は埋めるもの

週生産管理板とは?

生産管理とは、主に次の2つの状況を把握することである。

①今日は、誰が（どの機械が）、何を、どこまで生産するのか?

②今日、生産すべきものが生産できたのか?

これを工程ごとに、1週間単位で把握していくのが、週生産管理板である。

横軸にはカレンダー日をとり、縦軸は工程（機械・人）別に分ける。

縦軸と横軸ができたら、個別の作業情報を貼り付けていく。

具体的に、次の作業を例にしよう。

（作業予定日）4月1日、（工程）機械加工1号機、（内容）X製品　200個

このような場合、まず付箋紙やカードに、①X製品（製品名）②50分（工数：段取を含めた加工に要する時間）③200（数量）を記載し、横軸は4月1日（作業予定の日付）の枠、縦軸は1号機（加工機械名）の枠に貼る。

これは、4月1日に1号機で、X製品を200個、50分で生産することを意味する。

ここで大切なのは、**工数を入れると**いうことだ。

週生産管理板の運用

週生産管理板では、次のことを行なう。

①新たな受注に対し、工程ごとに1枚ずつ付箋紙に書いて貼る

②加工が完了したらはがす

1日の作業時間を8時間とすると、480分まで**仕事を埋めることができる**。例えば、1号機で行なう加工が複数あるとき、工数を足し算していくと、どこかで480分になる。

480分以上は機械を動かせないわけだから、残業するのか、明日に回すのか、他の機械で加工するのか、ということを決めていくのだ。

このように調整をして、週の生産計画を決めて管理板に表示する。

目で見る管理板をつくることで、生産計画が一目で見えてくる。さっそくつくって活用してみよう。

週生産管理板の例

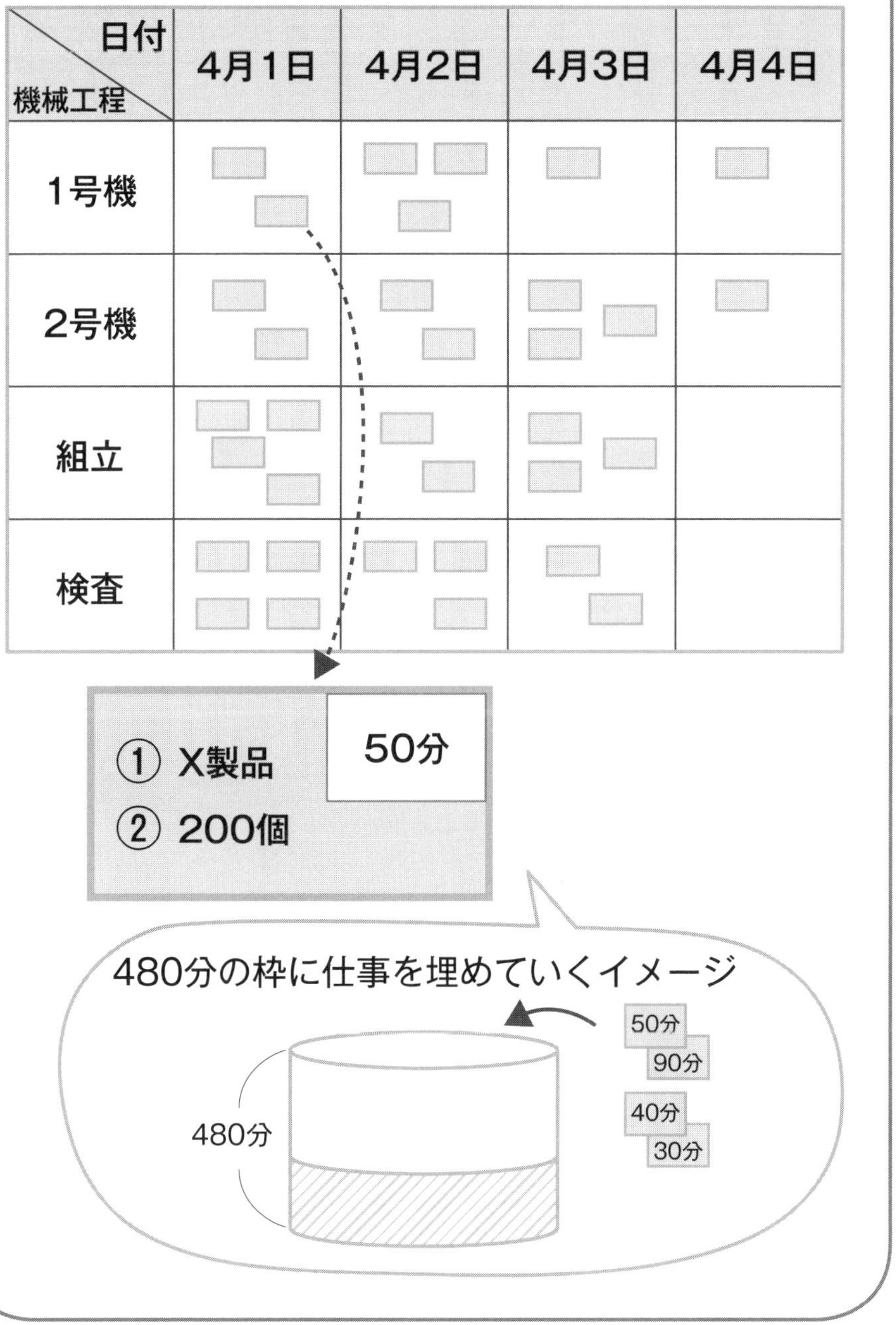

日付
機械工程
4月1日
4月2日
4月3日
4月4日
1号機
2号機
組立
検査
① X製品
② 200個
50分
480分の枠に仕事を埋めていくイメージ
480分
50分
90分
40分
30分

Section 4

作業指示（数量）が一目でわかる

目で見る管理（日産計画書①）

時間軸の指示を出そう

●日産計画書とは？

日産計画書とは、時間軸の入った作業指示書である。

時間軸とは、何時から何時までに作業するかを具体的に明記することだ。

機械加工の場合は機械ごと、組立・検査などは作業者ごとに毎日1枚作成する。

なお、日産計画書を作成するのは、工程のリーダーである。工程のリーダーは、**毎日、翌日分の日産計画書を作成して、作業者へ指示を出し、その進捗をチェックする**のである。

工程の作業者は、日産計画書の計画を見ながら、作業を行なう。

各作業が完了したら、「実績」と「差」の欄に記入する。計画通りであれば、「差」は「0」とする。

もし、遅れた場合は、遅れた数量を「差」の欄に書く。そして、遅れてしまった原因を「備考」の欄に書いておく。

工程のリーダーは、**午前1回、午後1回進捗チェック**を行なって、遅れがでているかどうかを確認する。

同じ製品を丸1日生産する場合でも、2時間くらいごとに区切っておく。

大切なことは、**計画に対して遅れが出ているかどうかを目で見てわかるようにすること**だ。

なお、日産計画書は通路から見えるところに置いておくとよい。そうすることで、誰でも通路から計画通りに進んでいるか、遅れているかがわかるようになる。

●日産計画書の価値

日産計画書を作成し、作業者へ指示することで、作業者への動機付けに役立つ。

作業者は、時間軸が入っている指示を見るので、自分の作業が遅れているかどうかがわかるようになる。

もし、遅れていれば、その遅れを何とか取り戻そうと工夫をする。また、時間通りに作業が完了できれば達成感を味わうことができるのだ。

作業者のやる気を引き出すためにも、日産計画書を活用しよう。

日産計画書の例①

日付：		作業者（機械）名：		
時間	計画	実績	差	備考
8:00～10:00	A製品　25個	25個	0	
10:10～12:00	B製品　20個	20個	0	
13:00～15:00	C製品　30個	30個	0	
15:10～17:00	D製品　40個	30個	−10個	機械故障
17:00～17:30	D製品　10個	10個	0	

※10:00、15:00から10分休けい

POINT

遅れた場合は、差のところに赤色で記入するとわかりやすい。工程のリーダーは赤色を見つけたら立ち止まる

Section 5

作業指示（時間）が一目でわかる

目で見る管理（日産計画書②）

計画と実績の差を知る

●日産計画書の別パターン

日産計画書については前項で解説したが、業種や業態によっては、表現しにくい場合がある。

そこで本項では、日産計画書の別パターンについて解説する。

日産計画書の目的や意味は全く同じであるが、表現の方法を変えてみるということである。

例えば、大きな部品を複数日かけて生産する場合がある。このような場合は、1時間に何個生産するという表現はできない。

そこで、作業項目ごとに分けて、それぞれの作業項目にかかる時間を矢印で表現する。

日付と作業者（機械）名は、同様に記載する。

次に、横軸に時間軸をとり、朝の始業時間から定時、残業を考慮して少し余裕を持たせた時間軸を書く。

そして、作業項目ごとに矢印を引き、どの作業にどのくらいの工数（時間数）がかかるかを計画していく。

ここで大切なことは、**今日はどこまで作業すればよいかを明確に決めること**だ。

例えば、どうせ明日も引き続き作業を行なうのだから、今日できるところまで進めておくというのは避ける。なぜなら、**今日の作業の中で「遅れ」が出たかわからない**からである。

具体例でいうと、製品の表と裏の検査が必要な場合、今日は定時まで表の検査が終了したら終わりとし、裏の検査は明日の朝から行なうように計画する。こうすることで、今日の計画した作業に対し、実際の作業が遅れたのか、計画通りだったのか、または進んだのかがわかるようになる。

日産計画書のポイントは、**計画に対して遅れているのかどうかが誰が見てもわかることだ**。

なお、遅れが生じた場合は、遅れたことがわかりやすいように、赤色などではっきり明記するとよい。

そして、遅れてしまった原因を確認し、遅れを取り戻す処置を行ない、次から遅れないような対策を打とう。

日産計画書の例②

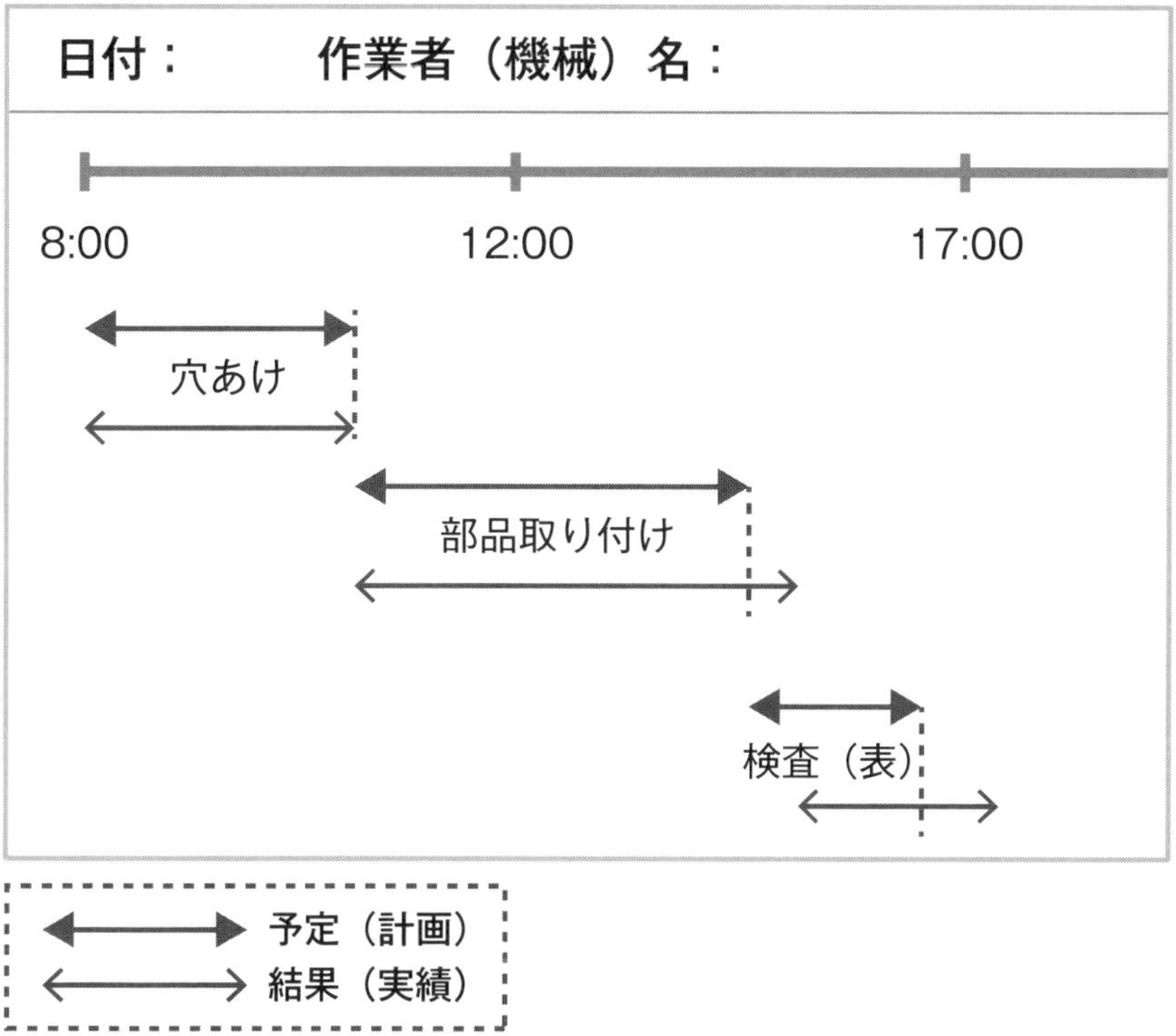

POINT

予定と結果の「差」がわかるように表示するのがポイント。遅れが生じたら遅れの原因を明確にしよう

Section 6

目で見る管理（現品票）

整理整頓が一目でわかる

現地・現物で管理する

●「物申す」整理整頓

整理整頓で大切なことは「物申す」である（第2章11項参照）。この「物申す」を実現するためには、現場で現物に表示を行なっていくことだ。

まず、材料の購入においては、「**計画買い**」と「**補充買い**」がある。

計画買いとは、**材料在庫を持たず、顧客から注文を受けてから材料を発注する方法**である。

具体的には、A材料の必要数、加工予定日、出荷予定日を、A材料が入荷したときに貼っておくのだ。こうすることで、加工予定日よりも後にA材料が残っていたら「異常」と気づく。

一方、補充買いとは、**材料在庫をあらかじめ持っておき、少なくなってきたら買い足す**方法である。

具体的には、A材料の発注点と発注量（第3章2項参照）を、A材料の置かれている場所に貼っておくのだ。

こうすることで、A材料が多いのかどうかを判断することができる。

●棚卸を軽減する

補充買いで購入する材料には、現品票を貼ることで「物申す」ができる。

現品票とは、材料の種類ごとに1枚作成し、**現場で残数が目で見てわかるようにするラベル**である。

具体的には、材料が入荷したら、その日付と入荷数量を「入」の欄に記入する。

材料を出庫したら、その日付と出庫数量を「出」の欄に記入する。

「入」と「出」の数量を記入したら、「残」の欄に残数を記入する。

こうすることで、棚卸の工数を大幅に削減できる。

棚卸で時間がかかるのは、対象となる材料を探すこと、そして数量を数えることである。

しかし、現品票を作成しておけば、通路から見て、現品票の一番新しい日付の残数を記録していけばよい。そうすることで、探したり、数えたりする必要がなくなる。

このように、棚卸の軽減のためにも、現品票を作成し、現地・現物で管理できるようにしよう。

現品票の例

材料名：A材料

日付	入	出	残
3月31日			100
4月2日	50		150
4月3日		20	130
4月5日		10	120
4月10日		50	70
4月11日	50		120

●材料の購入方法

計画買いタイプ

A材料　50kg
5月10日 加工予定 （5月30日 出荷予定）

補充買いタイプ

A材料	
発注点	発注量
50kg	50kg

Section 7

作業者の能力が一目でわかる

目で見る管理（能力評価表）

多能工化を進めよう

●能力評価表

能力評価表とは、作業者ごとにどのような作業ができるかを明記したものである。

縦軸には作業者名、横軸には作業の種類をとる。

そして、縦横のマス目に記号を記入することで、**目で見て個々の能力状況を把握する**ことができるのだ。

記入する記号は4種類あり、「◎、○、△、×」となる。

まずは、現状をそのまま能力評価表に記入していく。

次に、誰のどの能力をアップさせるかの計画を立てる。例えば、◎の人が、×の人に教え、×を△にする計画を立てる。

そして、能力アップが図れたら、記号を変えて、能力評価表を更新していくのだ。

このように運用することで、いつ誰が見ても作業者の能力把握ができる。

●多能工化（多工程持ち）

能力評価表は、多能工化において役立つ。

多能工化とは、複数工程の作業ができるように教育し、複数工程を1人で行なってもらうことである。

多能工化することによって、仕事量の増減に対して、人員調整が行なえるようになる。

例えば、AさんがA工程を担当、BさんがB工程を担当しているとする。

多能工化していない場合、仕事量が減ってきてもAさんとBさんの両方が作業しなくてはならない。

しかし、AさんがA工程とB工程の両方を作業できるのであれば、AさんだけがA工程とB工程の作業に入り、Bさんはその他の工程を手伝いにいくことができる。

逆に、仕事量が増えて残業や休日出勤が必要なとき、多能工化していないとAさんおよびBさんの両名の勤務が必要となる。

しかし、多能工化できていれば、Aさんだけが残業すればよいのだ。

能力評価表を作成し、多能工化をどんどん進めてみよう。

能力評価表の例

名前	作業①	作業②	作業③	作業④
Aさん	◎	◎	◎	△
Bさん	○	○	◎	○
Cさん	△	◎	×	×
⋮				

◎ 自分で作業することができ、人に教えることができる

○ 自分で作業することができる

△ 誰かの支援があれば作業できる

✕ 作業ができない（やったことがない）

Section 8

情報の流れが一目でわかる
目で見る管理（絵巻分析）

情報の流れを把握する

絵巻分析

絵巻分析とは、注文書や製造指示書などの帳簿類を時系列で貼り付け、**受注から出荷までの情報の流れを把握する方法である。**

絵巻分析を行なうには、まず文房具を準備する。

①**模造紙10枚とセロテープ**
②**黒・赤のマジック**

そして、実際に使用されている帳簿類を全て1部コピーする。

あとは模造紙に、時系列で帳簿類をそのまま貼り付けていく。

そして、帳簿類を誰が受け取り、誰に指示をするか。さらに、その処理にどれくらいの時間を要しているかを確認していくのだ。

また、問題点が発見されたら、問題点を赤で記入していく。

絵巻分析は、受注業務を行なう人だけでなく、できるだけ多くの人が参加して行なうとよい。

多くの人が事実（実際の帳簿類）を確認することで、さまざまな視点から問題点を発見することができる。

情報の流れを再構築

絵巻分析により、現状把握と問題点の洗い出しを行なったら、情報の流れの再構築を行なう。

特に、受注してから製造開始するまでの時間を短縮する視点で再構築するとよい。

こうすることで、短納期要求に対しても、製造する時間を多く確保できるようになるからだ。

もし、問題が数件であれば、個別の問題に対して解決していく。

しかし、問題が多いときは、ゼロから再構築した方がよい。

顧客からの受注状況や自社の生産状況は常に変化している。しかし、受注から出荷までの情報の流れは古いままの場合も多い。

だから、情報の流れを一度リセットし、今の顧客からの受注状況と自社の生産状況に合った情報の流れを新たに構築するのだ。

絵巻分析により、現状の情報の流れを把握しよう。

絵巻分析の例

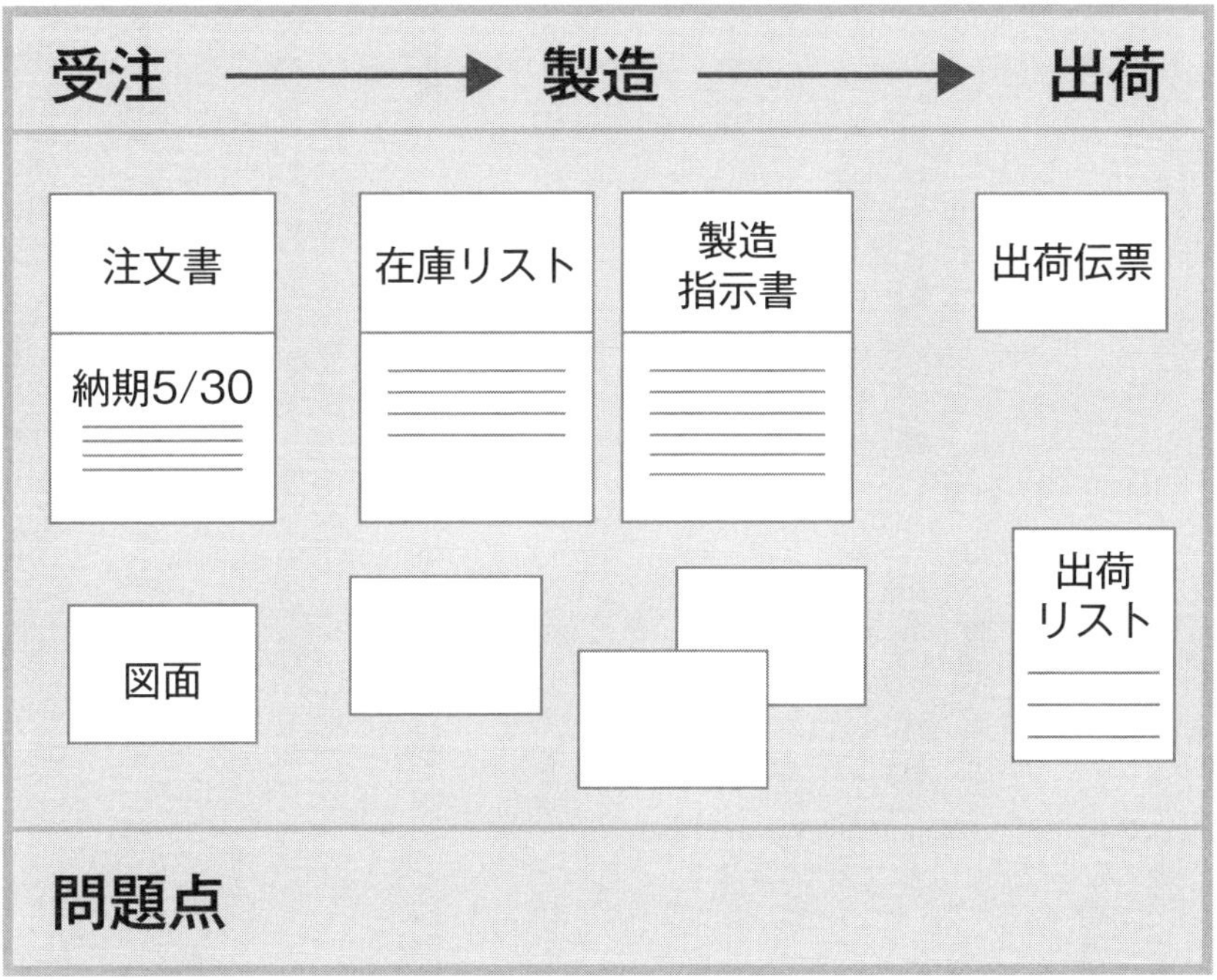

POINT

- 受注から製造開始までどのくらい（何分）時間がかかっているのか？
- 誰が何を見て、どんな処理をしているか？
- 情報の重複、ムダ、モレはないか？

Section 9

稼働率が簡単にわかる ワークサンプリング

稼働率のシンプルな算出法とは?

稼働率の把握

ワークサンプリングとは、簡単に稼働率(第2章7項参照)を調査する方法である。

ワークサンプリングでは、ある瞬間の稼働状況を把握し、統計的な視点から稼働率を求める。

具体的には、1時間おきに対象機械を見に行って、その状況を記号で記録していく。

○ 加工中
△ 段取り中
× 停止

これを3日間ほど行ない、○の数を調査した回数で割ると稼働率が算出できる。

なお、ワークサンプリングを行なうのは、機械工程に詳しくない人が望ましい。

もし、機械工程に詳しい人がワークサンプリングを行なうと、主観的な判断が入り込んでしまう。

例えば、機械が止まっていても、これは稼働と考えてよい、というようなことだ。

だから、**シンプルに機械が止まっているか、動いているかを客観的に判断する方がよいのだ。**

メリットとデメリット

ワークサンプリングには、メリットとデメリットがある。

メリットは、調査が簡単であるということだ。

デメリットは、詳細な状況はわからないということだ。

稼働率の調査という作業は、付加価値を生まない。だから、なるべく時間をかけない方が好ましい。

稼働率の詳細を調べることに時間を使うよりは、稼働率調査の後、具体的なカイゼンに時間を使った方が効果的である。

このような視点から、調査が簡単なワークサンプリングは有効な手段なのである。

メリットとデメリットを理解した上で、ワークサンプリングを実行してみよう。

ワークサンプリングの例

稼動率調査表

加工中：○
段取り中：△
停止：×

日付：平成27年4月1日

順序	機械種別	8:30	9:30	10:30	11:30	12:30	13:30	14:30	15:30	16:30	17:30	18:30	稼働率
1	マシニング	×	×	×	△		○	○	○	○	×	○	50%
2	マシニング	△	○	×	△		○	△	○	△	×	△	30%
3	マシニング	×	×	△	○		△	○	△	△	○	△	30%
4	マシニング	×	×	△	△		×	△	×	×	○	×	10%
5	マシニング	×	×	○	×		×	×	×	△	×	△	10%
6	マシニング	×	△	○	△		×	×	×	△	△	○	20%
7	マシニング	×	△	△	○		○	○	△	○	△	△	40%
8	マシニング	×	×	×	×		△	○	○	○	○	○	50%
9	マシニング	×	×	×	×		×	×	×	○	△	△	10%
10	マシニング	×	△	○	○		×	△	×	×	×	○	30%
11	マシニング	×	×	△	△		×	修理	×	×	○	○	20%
12	マシニング	×	△	○	○		○	○	○	×	○	×	60%
13	マシニング	×	△	○	○		×	△	△	△	△	△	20%
14	マシニング	×	○	○	○		○	○	○	○	○	×	80%
15	マシニング	×	○	×	×		×	×	×	×	×	×	10%
16	マシニング	×	×	×	○		△	×	△	△	×	×	10%
17	マシニング	×	○	○	○		×	×	×	×	×	○	40%
18	マシニング	○	△	×	×		×	○	△	△	△	△	20%
19	マシニング	×	×	×	×		×	×	○	○	×	×	20%
20	旋盤	×	×	△	×		×	×	×	×	×	×	0%
21	旋盤	×	×	×	×		△	○	△	△	△	△	10%
22	旋盤	×	○	△	×		×	△	×	×	○	○	30%
23	旋盤	×	×	△	△		△	△	○	△	○	○	30%
24	旋盤	×	○	×	○		○	○	△	×	×	×	40%
25	旋盤	○	△	×	×		○	△	○	○	△	△	40%
26	マシニング	×	△	○	○		○	○	○	×	×	×	50%
27	マシニング	×	×	×	×		×	×	×	×	△	×	0%
28	マシニング	○	○	○	○		○	○	×	○	○	×	80%
29	マシニング	×	○	×	×		×	×	×	×	○	△	20%
30	マシニング	△	○	×	×		×	○	×	×	△	×	20%
31	フライス	×	△	×	△		×	×	×	△	○	△	10%
32	フライス	×	×	×	○		×	△	×	△	○	×	20%
33	フライス	×	○	○	×		×	×	×	○	○	×	40%
34	旋盤	△	×	×	×		○	×	○	×	△	○	30%
35	旋盤	×	×	○	×		△	△	×	△	×	△	10%

マシニング平均　30.4%

旋盤平均　23.8%

Section 10

標準作業組み合わせ票

機械と人の作業を分ける

自働化を実践してみよう

標準作業組み合わせ票とは?

標準作業組み合わせ票とは、**「自働化」の考え方を実践するために使用する道具**である。

主に、**繰り返しのパターン化された作業**に対して使用する。

具体的には、工程での作業を順番に示し、作業に要する時間を明記して、機械の作業と人の作業を重複なく組み合わせるために使用する。

左ページの標準作業組み合わせ票の内容を説明しよう。

まず、左側から項目を説明する。

「工順」欄には、作業の順番を示す番号を記載する。

「作業名称」欄には、作業の場合は作業名、機械の場合は機械名を記載する。

「手」欄には、作業名称の作業にかかる時間を秒数で記載する。

例えば、NC‐1の機械加工が終了したら、ワークを取り出す時間と新しいワークを取り付ける時間の合計時間を記載する。

「歩」欄には、人が移動するのに要する時間を秒数で記載する。

「送」欄には、機械が自動で加工している時間を秒数で記載する。

次に右側の項目を説明する。

経過秒数を10秒単位で記載する。

そして、作業名称の項目ごとに、秒数単位で線を引いていく。

太い実線……手作業(手)
細い実線……歩行(歩)
点線……自動送り(送)

NC‐1の作業を終え、NC‐2の作業、NC‐3の作業、NC‐4の作業を終えると、NC‐1の機械が停止しているので、NC‐1に戻るという動作の繰り返しを行なう。

機械が動いている(点線)状態では、機械のところに行っても待たなくてはならない。

また、機械がずっと停止している状態になってしまうのも避けたい。

このようなことを考慮して、標準作業組み合わせ票を作成することで、**人の仕事と機械の仕事を分けること**を実践してみよう。

標準作業組み合わせ票の例

部番・品名	AC-3125	標準作業組み合わせ票	作成日	2014.10.20	作成者	山田	必要数／日	200個	━ 手作業 ┅ 自動送り ― 歩行
工程	NC-1,2,3, NC-4		課	製造課			タクトタイム	130秒	

工順	作業名称	時間		
		手	歩	送
1	NC-1	25	3	70
2	NC-2	25	12	80
3	NC-3	25	3	100
4	NC-4	25	12	90

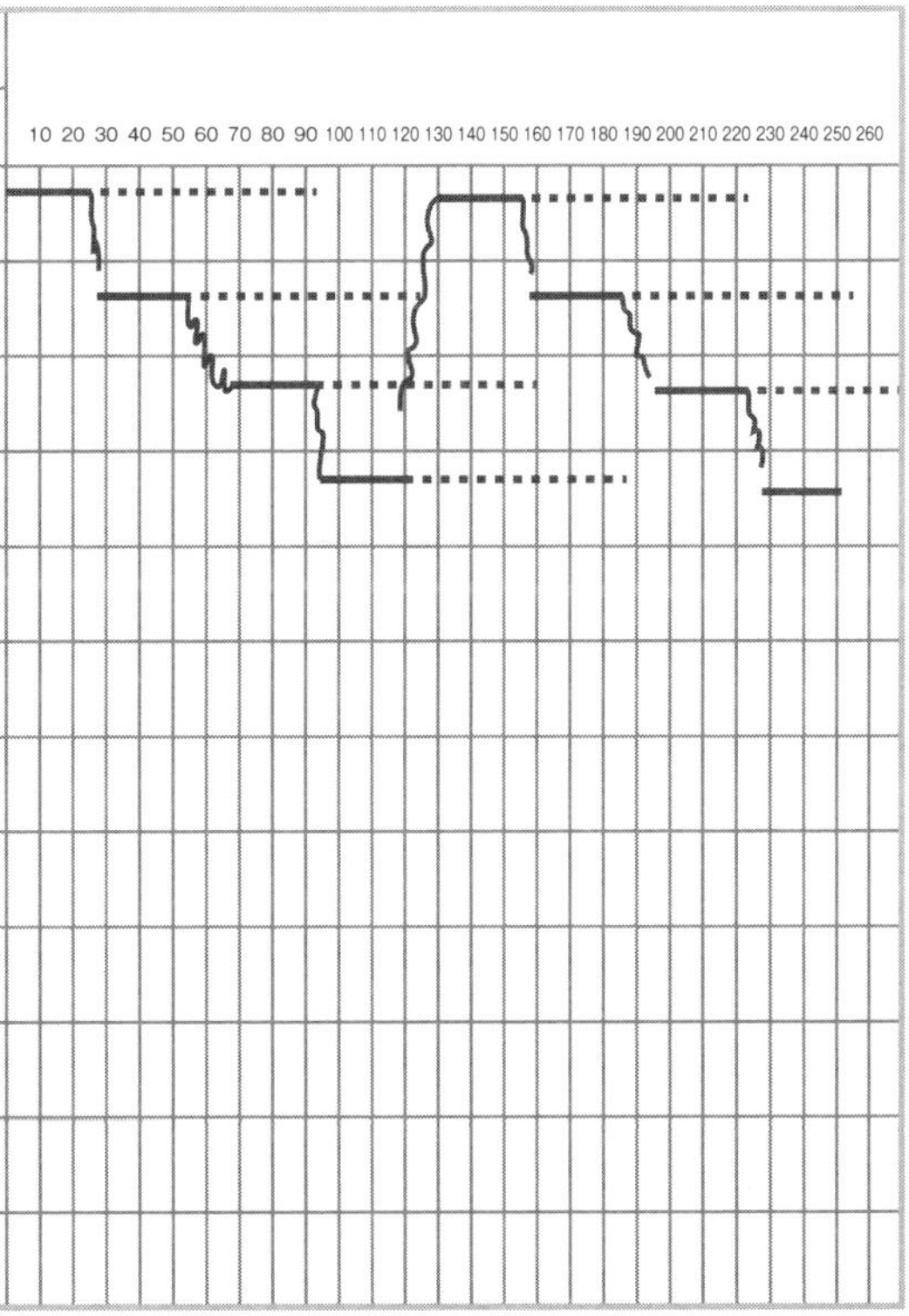

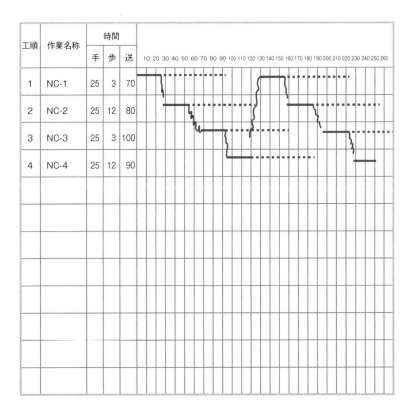

Section 11

現場を観察するポイント

現場速効観察チェックシート

意見と事実は区別する

●現場を見て回る

現場を見て回ることは、工場管理者の重要な役目である。

報告書や数字だけではわからない大切なカイゼンポイントを知るためには、やはり現場に出て、自分の目でしっかり確認することが必要だ。

しかし、ただ現場に出て作業を観察すればいいというものでもない。

現場を見るには、観察すべきポイントをしっかり理解した上で行なうことが大切である。

そこで、現場を見るときに使用するチェックシートが必要となる。

●現場速効観察チェックシート

現場を観察するには12のポイントがある。

①物申す……第2章11項参照
②付加価値……第2章2項参照
③自働化……第2章5項参照
④日産計画……第5章4項参照
⑤ネック工程……第2章9項参照
⑥監督者の役割……第5章4項参照
⑦動機付け……第5章4項参照
⑧生産性尺度……第2章3項参照
⑨在庫状況……第2章11項参照
⑩クレームや社内不良……第6章9項参照
⑪設備故障状況……第3章8項参照
⑫目で見る管理……第5章1項参照

これらの12項目を現場で1つひとつ確認していこう。

●事実を確認しよう

現場を見るとき、確認したい点があれば、現場作業者に声をかけてみよう。そして、現場作業者が考えていることと事実を確認することが大切だ。

例えば、現場作業者が「急ぎの作業」と考えている案件があったとする。

その場合、現場作業者の意見だけではなく、本当に急ぎの作業なのかを事実で確認していくことである。

人の意見と事実を区別することが、現場観察においては重要だ。

人の意見で仕事をしてしまうと、ムダな作業を行なったり、工場全体としての優先順位を間違えたりしてしまう。

現場速効観察チェックシート

1. 物の正常性 今、ここに置かれているのは“正常か”
2. 付加価値（お金）を生む仕事か
3. 人の配置に重複がないか（必要以上の人の配置をしていないか） ・自働化（機械が仕事をしているとき、人が監視していないか） ・動き、働き ・助け合いのしくみがあるか
4. 日産計画（時間軸で生産計画を示したもの）の作業進捗、“遅れ・進み管理”がされているか
5. ネック工程はどこか
6. 管理者・監督者が作業に埋没していないか
7. 作業動作に躍動感があるか 作業者への動機付けはされているか
8. 生産性の尺度が定められているか 出来高アップか省人か
9. 在庫状況と在庫からの出荷比率は
10. クレームや社内不良状況 管理者が出しているという認識があるか
11. 設備故障状況 故障復旧時間（MTTR）は決まっているか
12. 目で見る管理 ・出荷管理板 ・部材入荷管理板　等

POINT

12のチェックポイントを
理解して、現場を回ろう！

Section 12

顧客訪問報告書

顧客の言葉を記録する

●顧客の生の声を聴く

営業マンや工場管理者など、顧客と直接接する人向けのカイゼンアイテムを紹介しよう。

顧客訪問時は、**顧客の言った言葉をそのまま報告書に書く**とよい。

ポイントは、営業マンや工場管理者など、訪問した人の考えや意見と、顧客が言った言葉である事実をしっかり分けておくことだ。

具体的な事例で説明しよう。

電子部品の開発・製造を行なっている工場で、営業マンが顧客を訪問した。

翌日、工場関係者に対して訪問報告が行なわれた。

営業マンは口頭で、「顧客は既存製品についてはおおむね満足しており、今後は新製品の開発に興味を示してくれた」と報告した。

しかし、開発責任者は、顧客訪問報告書を見て、顧客の「最近、一部のユーザーから改良品の問い合わせが増えている」という記述を発見した。

つまり、ユーザー（顧客の顧客）は、既存製品に不満足を感じており、新製品でなく改良品を必要としているのである。

そこで、さっそく営業マンと開発責任者は顧客を再訪問し、ユーザーの問い合わせについて詳細を確認した。

そして、いくつかの既存製品の改良点を顧客と確認し、改良品の開発に着手した。

これにより、顧客満足の向上と改良品による売上アップに向けてカイゼンがスタートしたのだ。

新製品を開発するのは、コストも時間もかかる。しかし、改良品を開発するのは、新製品よりはるかにコストも時間もかからない。

営業マンは、顧客の言葉を自分なりに解釈して伝えようとする。しかし、そのとき大切な情報が抜け落ちてしまうことがある。

だから、顧客の言葉をそのまま報告書に書くことが大切なのだ。

顧客の生の声をカイゼンに活かしていこう。

顧客訪問報告書

顧客訪問報告書

会社名：

日時：

打ち合わせ内容：

営業担当

顧客の生の声（事実）	営業担当の見解（意見）
この欄には、顧客が特に強調したことや、漏らした情報を記入する	

Section 13

パレート分析

重点志向でカイゼンを進める

効果の高いものからカイゼンする

パレートの法則とは？

パレートの法則とは、イタリアの経済学者であるパレートが発見した法則である。

80対20の法則とも呼ばれ、上位20％の要素が全体の80％に影響を与えるというものだ。

例えば、上位20％の顧客の売上が全体の80％を占めるなど、さまざまな場面で適用される。

もちろん、ぴったり80対20になるわけではないが、このように分けて分析してみることに意味がある。**全体として大きな成果を出すために、最も影響力のある要素を見つけ出す**ことが大切なのだ。

カイゼン活動においても同様である。影響力のある要素を見つけ出すことで、大きなカイゼン効果が期待できる。

パレート図

まず、全体を把握するためにパレート図を作成することが有効だ。

どの要素が上位20％を占めているのかを知ることができるからだ。

例えば、不良の分析を行なう場合、横軸には不良の項目を書く。

そして、不良の損失金額の大きい項目から順に並べてグラフにする。

縦軸は、不良の損失金額と累積比率をとる。

累積比率とは、不良の損失金額が多いものから足していった場合の累積パーセントを意味する。

そして、累積比率を折れ線グラフで追加する。

そうすると、「印刷ズレ」と「縦キズ」の項目で全体の約70％を占めることがわかる。

つまり、この2つの不良を半減できれば、全体として不良損失金額を34％削減することができる。

逆に、「ソリ」や「ハガレ」の不良を半減しても3％ほどの効果しか期待できないのだ。

このように、パレート図の分析により、効果的なカイゼンが行なえる。さまざまな場面で、パレート図を使ってみよう。

パレート分析の例

不良項目	損失金額	比率	累積比率
印刷ズレ	60万円	40%	40%
縦キズ	42万円	28%	68%
横キズ	15万円	10%	78%
寸法	12万円	8%	86%
ソリ	6万円	4%	90%
はがれ	3万円	2%	92%
その他	12万円	8%	100%

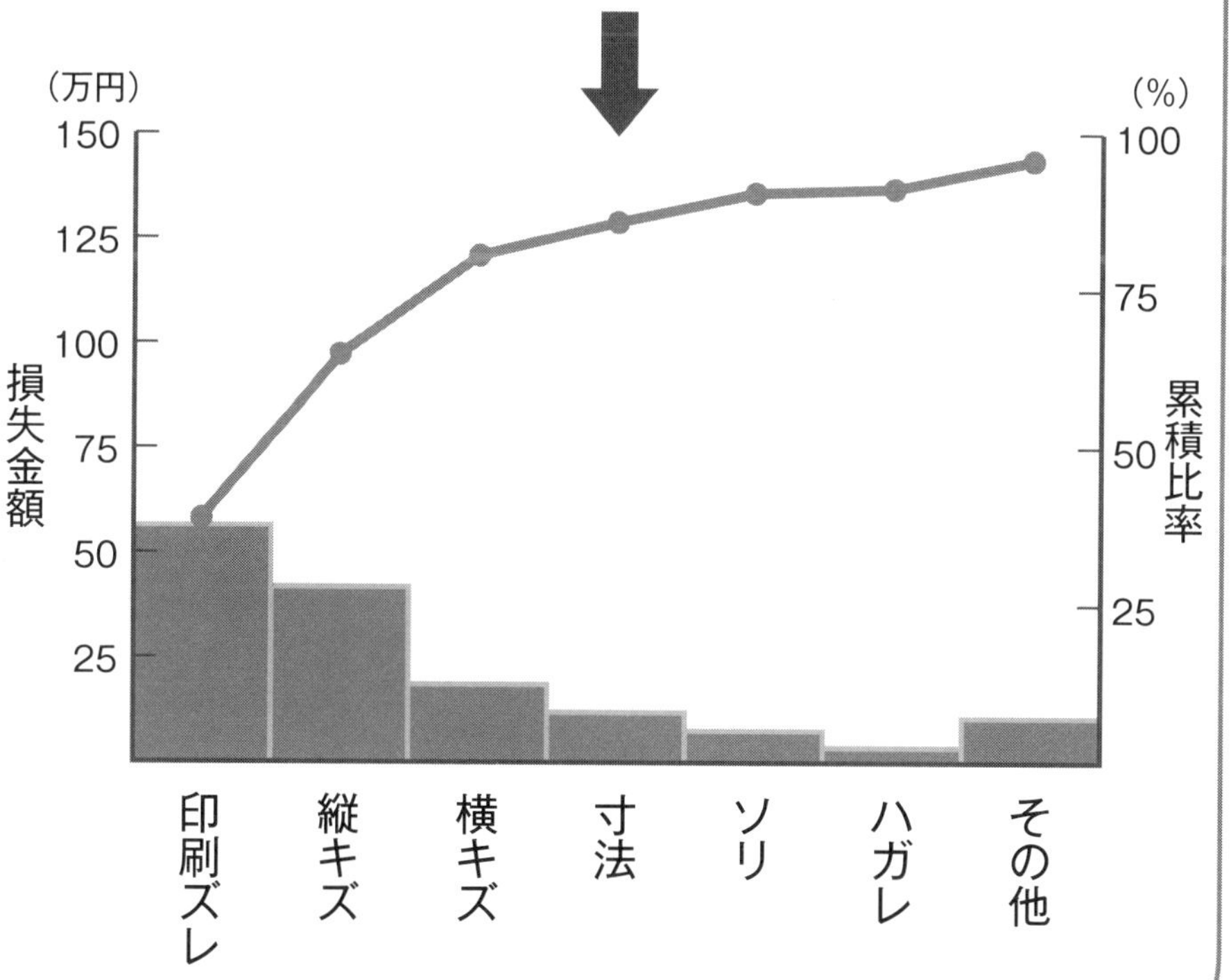

COLUMN 5

ストップウォッチの使い方

カイゼンを始める際に、まず用意してほしいのはストップウォッチだ。時間短縮のカイゼンにおいて、カイゼン効果が測定できるからだ。ストップウォッチにはさまざまな機能（ラップタイムを測るなど）があるが、シンプルな機能があれば十分である。極端にいうと、スタートとストップができればよい。

例えば、A作業、B作業、C作業という順番で作業を行なうとする。A作業からC作業のそれぞれの作業に何分何秒かかるか、ということを計測する場合、A作業が開始したらストップウォッチのスタートボタンを押す。

あとは、C作業が完了するまでストップウォッチを操作する必要はない。やることは、A作業が完了したときの時間、B作業が完了したときの時間をメモしておけばいいのだ。そして、C作業が完了したときに、ストップボタンを押す。

A作業にかかった時間は、A作業が完了したときの時間となる。B作業にかかった時間は、B作業が完了した時間からA作業が完了した時間を引けばよい。

同じように、C作業にかかった時間は、C作業が完了した時間（ストップウォッチをストップした時間）からB作業が完了した時間を引けばよい。

第6章

カイゼンに活用できる発想法

Section 1

カイゼン前の心構え

カイゼンと発想

カイゼンの発想を深めよう

●カイゼンに必要な要素

カイゼンとは、「物事を善い方に改めること」であるが、今のやり方を変えようと働きかけることが大切である。

つまり、**今のやり方を否定し、疑問を持ち、もっとよい方法はないかと探究していく発想**が必要なのだ。

しかし、**人間は今のやり方に慣れていればいるほど、現状維持（今のやり方を続ける）を好む**傾向がある。

例えば、使い慣れたパソコンや携帯電話を新しいものに替えるのには抵抗を感じる。せっかく操作方法を覚えたのに、また1から覚えないといけないというストレス、使い慣れた機能がなくなっていたら困るという不安を感じるからだ。

だから、今のやり方を変えたくないという心理がどうしても働くのだ。

しかし、これでは何も変わらず、カイゼンはできない。

●発想法やアイデアを活かす

カイゼンを促進していくには、新しい発想法やアイデアを積極的に取り入れ、頭を刺激し、現状維持を打破していくことが必要なのである。

新しい発想法やアイデアを取り入れることによって、視野が広がり、今まで見えていなかったものが見えるようになってくる。

そこで、本章ではカイゼンに役立つ発想法やアイデアを紹介していく。

大切なことは、1つひとつの発想法やアイデアをカイゼンにどう役立てられるかという意識で読むことだ。

同じことを見たり、聞いたりしても、受ける人の解釈によって大きく変わってくる。

例えば、公園などで見かけるスプリンクラーは水を放射状に撒く装置だ。近年、家庭で普及している食器洗浄機は、食器に万遍なく水をかける機能として、スプリンクラーからヒントを得ている。スプリンクラーという1つのアイデアを商品開発に役立てているのだ。

ぜひ、このような視点で、本章の発想法やアイデアを活かしてほしい。

新しい発想で現状打破しよう

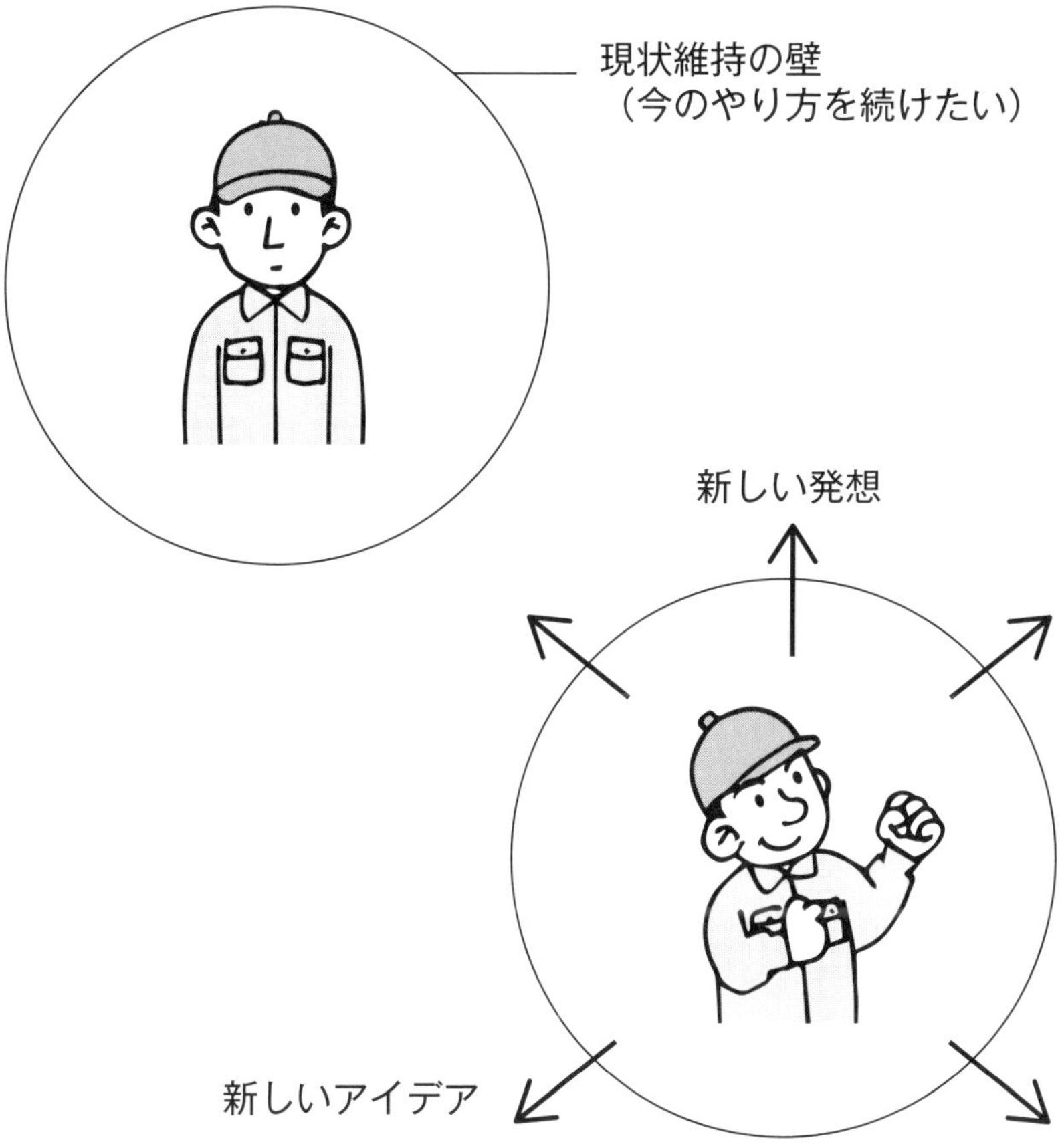

POINT

例えば、納期を4日から2日にするには？

✕ 2日でできない理由を説明する

○ 2日でできる方法を考える

Section 2

もっと脳を活用しよう

右脳と左脳

右脳を使ってカイゼンアイデアを出そう

●右脳と左脳の働き

人間の脳は、左右に分かれており、それぞれ左脳と右脳と呼ばれる。

左脳は、論理的・常識的なことを考えるといわれている。

一方、**右脳は、非論理的・非常識的なことを考えるといわれている。**

日常生活や会社の仕事では、ほとんど左脳が使われており、右脳はあまり使われていないそうだ。人間は一生のうち、脳を3％しか使っていないといわれている。しかも、そのほとんどが左脳らしいのだ。

だから、もっと意識的に右脳を活用することが大切である。そして、右脳を使うとカイゼン活動が飛躍的に進むことになるのだ。

●右脳を活用してアイデアを出す

右脳を活用するポイントは、**達成困難な目標を設定し、多くの時間を投入することだ。**

第1章で「1日改善会」について解説したが、ここで紹介した「高い目標」や「5時間以上かける」というのには根拠があるのだ。

例えば、コストダウンを考えるとき、3％のコストダウンを行なう場合と、30％のコストダウンを行なう場合では、**出てくるアイデアの質が異なってる。これは、3％なら左脳、30％となると右脳が動くからだ。**

例えば、工場でよく使用されるネジだが、ネジを回すのは時間がかかるし、手間である。だから、最初は「どうやったら効率的にネジを回せるか」と考える。これは左脳の発想だ。

しかし、カイゼンに時間をかけてくると、奇抜なアイデアが出てくる。それは「そもそも、なぜネジを使うのか？　ネジを使わなくていい方法はないか？」というものだ。これが右脳の発想だ。

カイゼンにおいても原理は同じである。常識的なアイデアでは解決しないという状況になると、非常識なアイデアが生まれてくるのだ。

人間の脳の構造と機能を理解し、もっと右脳を意識的に活用するようにしよう。

右脳を活かしてアイデアの質を高める

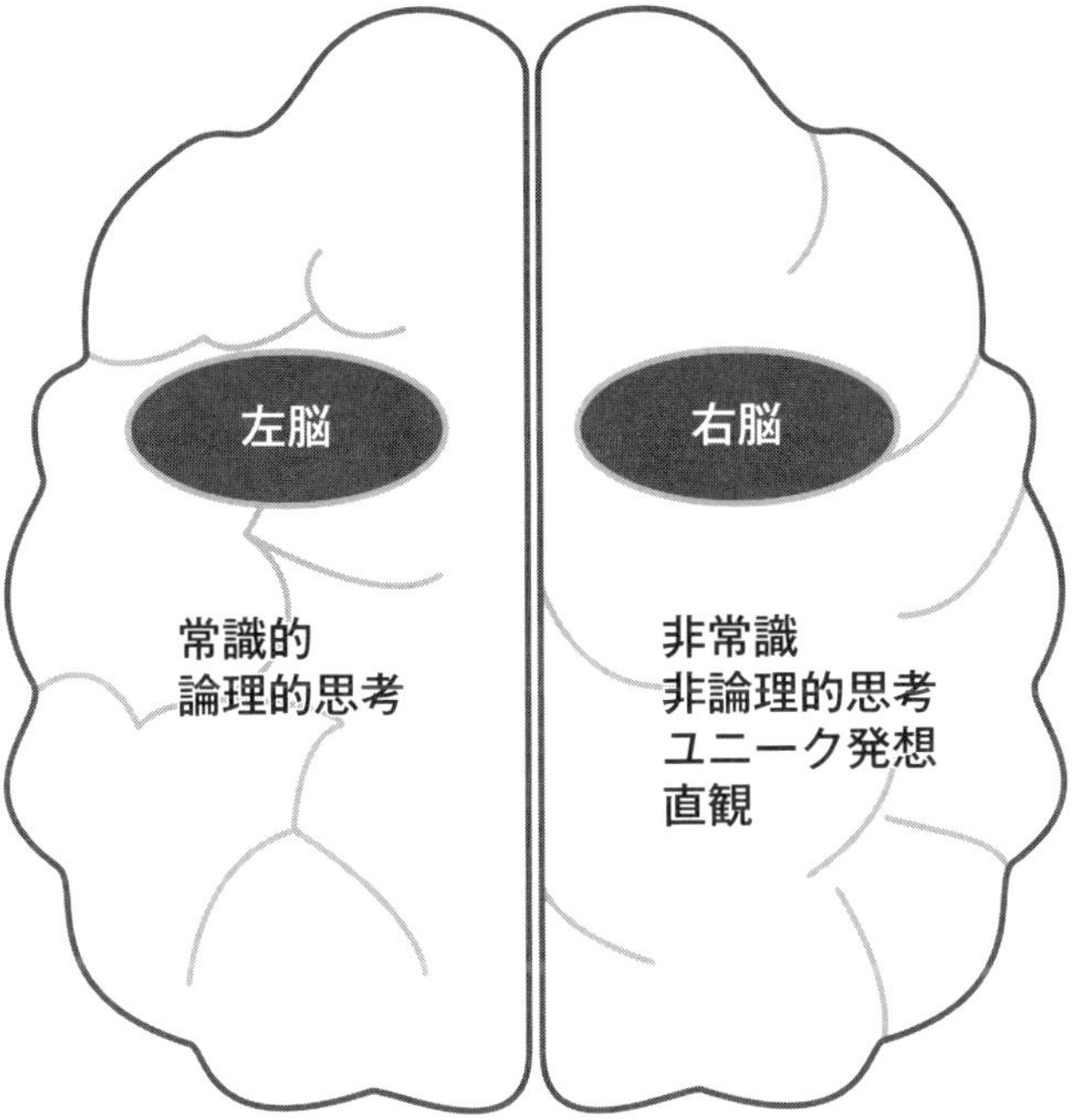

POINT

時間をかけることで右脳を動かそう

Section 3

人間の目は歪んだレンズ

目の錯覚

目で見たものは正しいか?

目の錯覚

人間の目は歪んだレンズであるといわれる。百聞は一見にしかずという言葉があるが、まず事例で説明しよう。

左ページ図「シェパードの平行四辺形」を見てほしい。

左右に並んだテーブル（側面と脚は除く）を見比べると、右のテーブルの方が細長く見えないだろうか?

実は、この2つのテーブルの大きさは全く同じなのだ。

もし信じられないようなら、図をコピーして、ハサミで切り取って重ねてみよう。ぴったり重なることを確認できるはずだ。

錯覚から学ぶべきこと

目の錯覚は私たちに大切なことを教えてくれる。それは、**「何事もやってみる」**ということだ。

人間の感覚というのは、かなり曖昧で、錯覚していることが多い。

例えば、倉庫や工場内の材料置き場にものが置けないから、もっと置き場を増やさないといけない、という声をよく聞く。

実際に、倉庫や工場内の材料置き場を見てみると、確かに多くのものが倉庫と工場内の置き場に置かれている。

一見、これ以上ものが置けないように思うのだが、実際に長さを測ったり、ものを全て外に出して、置き方を変えてみると、意外とスペースが生まれることも少なくない。

身近な例でいうと、引っ越しをするとき、大きな家具が狭いドアを通らないように見えても、縦にしたり横にしたり、角度を変えたりしているとうまくいったりする。

いずれにしても、**新しいアイデアが出たら、すぐに現場で実験してみるという姿勢**が大切なのだ。

仮に失敗したとしても、実際にやってみて失敗した場合と、やらずにあきらめてしまう場合では意味が異なる。

実際にやってみることで、次にどうすればよいかというヒントが得られるのだ。

自分の目だけを信じることなく、何事もやってみる習慣をつけよう。

シェパードの平行四辺形

Q. どちらのテーブルが大きいか？

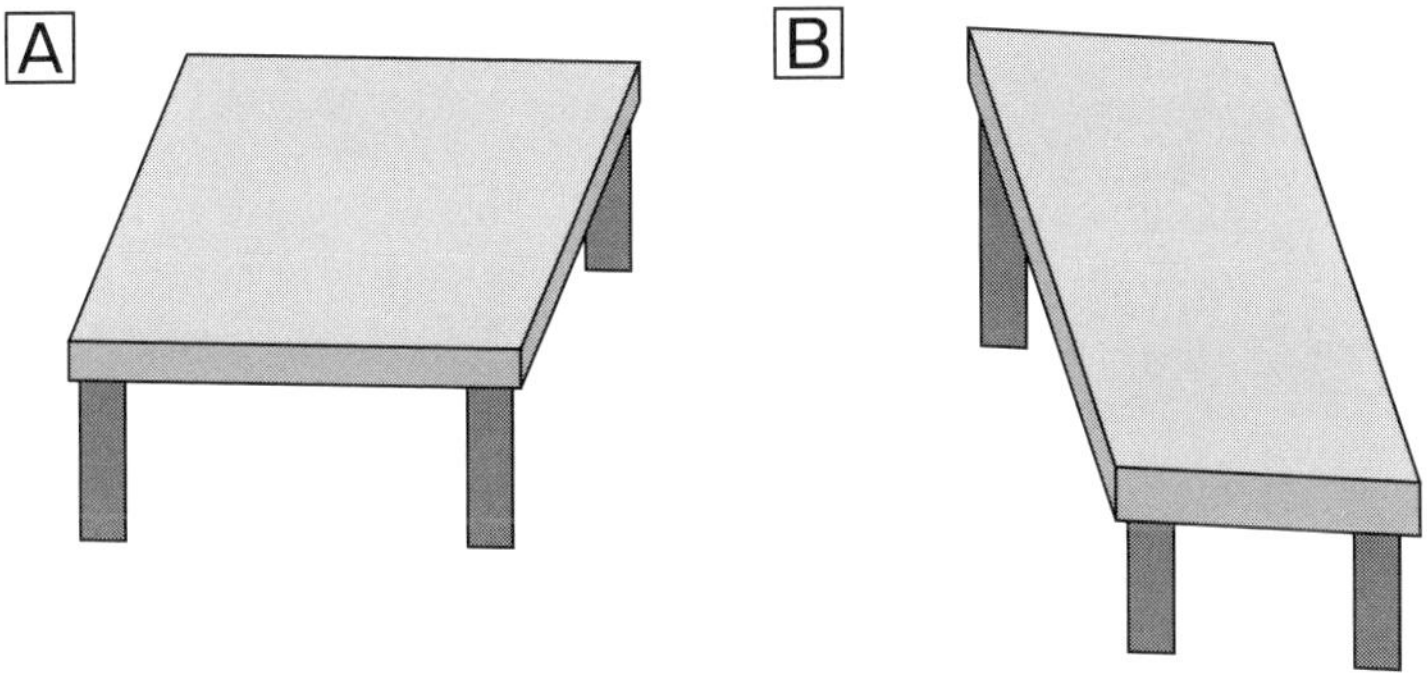

A. 実は、AとBの辺は同じ長さ。コピーして切り取り、合わせてみよう

POINT

自分の目を信じないで、何事もやってみて検証することが大切

Section 4

人間の脳は錯覚だらけ

論理の錯覚

自分の考えは本当に正しいか？

●論理の錯覚

人間の脳は、簡単に錯覚を起こしてしまう。まず、例を挙げよう。これは内田百閒さんの随想「1円の行方」という話だ。

旅人が3人、宿泊する宿に到着した。ここの宿代は、1人10円である。旅人は3人分の30円を宿に支払った。宿屋の主人は、旅人が知り合いということで割引きし、女中に5円返してくるように命じた。女中は5円が3人で割れないので、2円を自分の懐に入れ、残りの3円を、旅人に1人1円ずつ返した。

ここでお金の流れを整理したい。最初に支払ったのは30円である。諸々あって、結果として旅人は9円ずつ払ったことになり、女中の懐に2円隠れている。旅人が払ったのが、9円の3人分で27円、女中が持つ2円を足すと、29円となる。さて、1円はどこへ消えたのだろうか？

何となくおかしいことはわかるが、うまく説明できないという感覚ではないだろうか。人間の脳は、簡単に錯覚してしまうのだ。

●錯覚から学ぶべきこと

現場作業においても、論理の錯覚がたくさんある。

例えば、材料を購入する場合、まとめて買うと単価が安くなることが多い。だから、どうせ今後も使うのであれば、**まとめて買っておくのが利益を増やす知恵**だと考える。

もし、まとめて買って単価が下がり、利益が出るのであれば、買えるだけ買ってしまうのが一番利益が出るということになる。極端な話、材料メーカーの在庫を全て買い上げることが一番いいということになってしまう。

しかし、そこまでまとめて買う人はいない。材料を大量に買うことは、感覚的によくないことだと思いつつも、1カ月分や3カ月分くらいの量であれば、効率的に思えてしまう。

カイゼンを進めていく上で、論理の錯覚を起こしていないか検証してみると、今まで気づかなかったヒントを得ることができる。

「1円の行方」

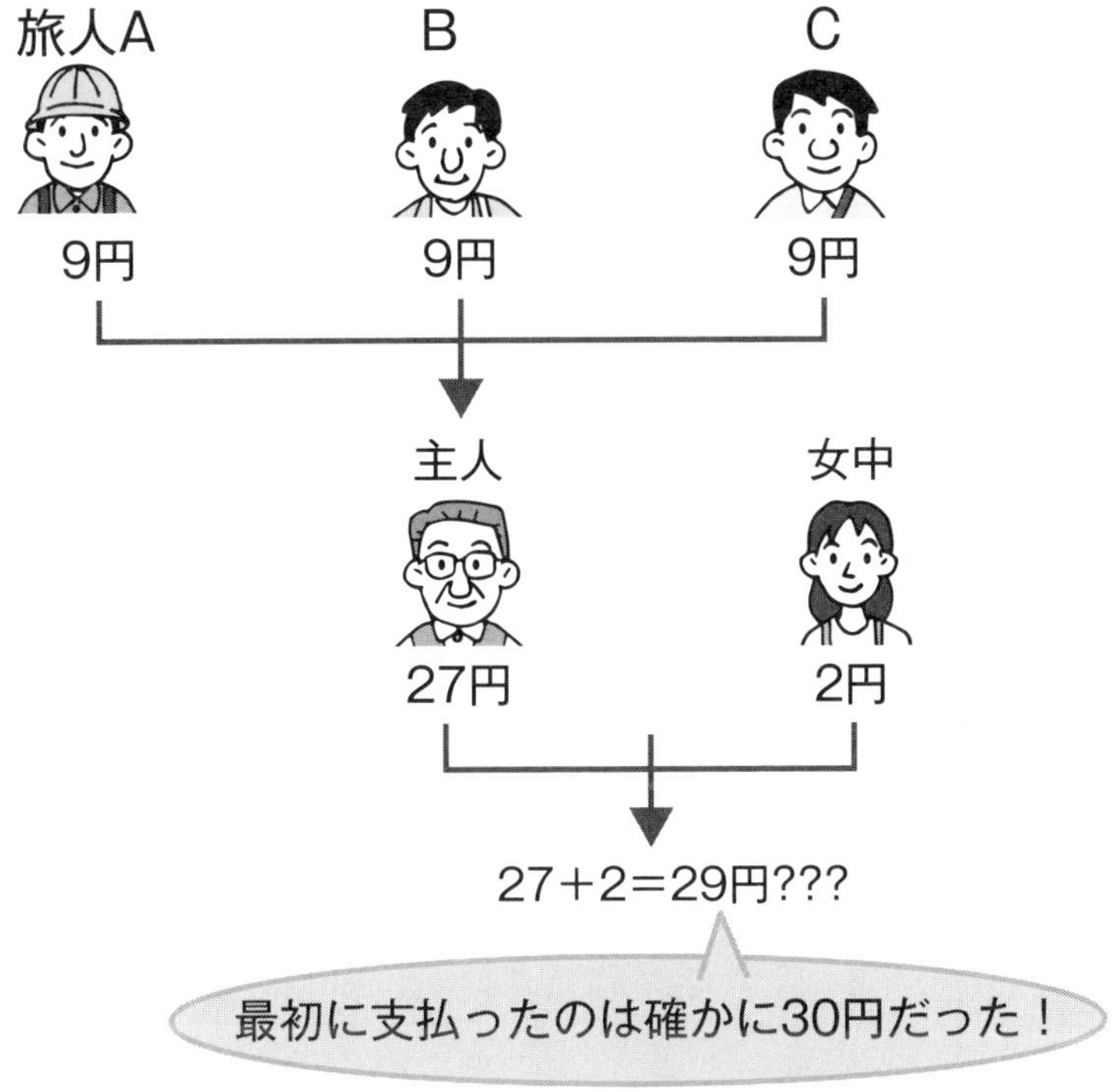

●材料購入の例

① 材料を1個買うと…
100円／1個

② 材料を10個買うと…
98円／個

③ 材料を1000個買うと…
90円／個

④ 世界中の材料を買うと…
??円／個

POINT

たくさん買うと安くなるの“たくさん”とは、
いったい何個なのだろう…!?

Section 5

人間の記憶はあいまい

記憶の錯覚

書いたもので伝えよう

記憶の錯覚

人間の記憶は、実はかなり曖昧である。例えば、一昨日のお昼ご飯のおかずをすぐに思い出せるだろうか？

コンビニ弁当などといったことではなく、具体的なおかずである。

この質問に即答できる人は、毎日同じものを食べている人か、食べ物に相当の執着を持っている人だろう。

ほとんどの人は細かく覚えていないのではないだろうか。

エビングハウスの忘却曲線といわれる研究結果によると、人間の記憶は**1日経つと74％忘れられてしまうそうだ。**

そもそも、人間は覚えたことを忘れるのだ。円周率などの暗記を得意とする人がテレビで話題になるのは、覚えておくことがいかに難しいかという証明でもある。

錯覚から学ぶべきこと

現場作業において、記憶の錯覚から学ぶべきことがある。

朝、朝礼を行なっている工場は少なくない。このとき、注意事項を口頭で伝えているケースがある。

例えば、ある部門でクレームを受けた場合、そのクレーム内容を伝え、今後は注意をするように指示するのだ。

また、今日の作業内容を口頭で伝えているケースもある。

しかし、口頭で伝えたことは、そのときは理解していても、時間が経つと忘れてしまう。ましてや、忙しいときなどは、完全に忘れてしまうだろう。

さらに、人から人へ情報を伝える際、伝える人が増えるほど、情報が変化してしまう。

伝言ゲームというものがあるように、人間は、聞いたことをそのまま伝えるということが意外にできない。

カイゼン活動を進めていく上で大切なことは、**「書いたもので残し、書いたもので伝える」という習慣**だ。

人間は忘れてしまうものだし、口頭で伝えるのは難しいのだから、書いたものを活用するべきなのだ。

特に注意事項などは、写真や図を入れてわかりやすく示し、職場に貼っておくなど工夫するとよい。

エビングハウスの忘却曲線

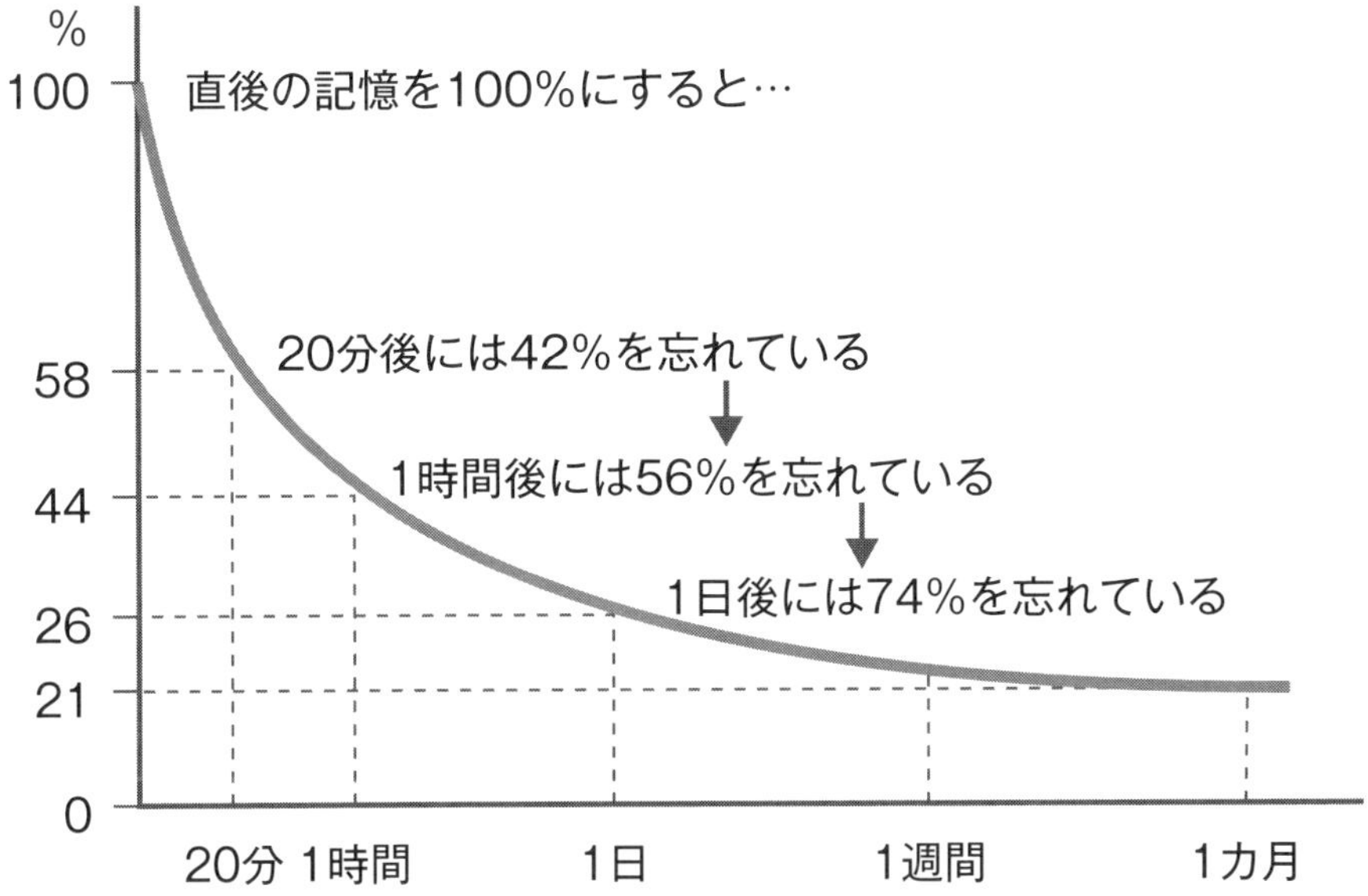

POINT

急いでいても、ちょっとしたことでも、書いたもので残し、書いたもので伝える

Section 6

在庫の本当の問題

在庫のとらえ方

在庫は工場の問題を隠す

● 在庫とは何か？

工場に製品在庫がたくさんあると、見方によっては工場が活性化していると思われるかもしれない。

一方で、製品在庫は、次のような点から決算を悪化させると思われるかもしれない。

①在庫の保管スペースが必要になる
②在庫の管理コスト（人件費・コンピュータシステム代）がかかる
③資金繰りを悪化させる

● 在庫の正体

カイゼンにおいては、在庫は工場の問題を隠すという点で、諸悪の根源という見方をする。

また、在庫があれば工場管理者は不要であると考える。在庫の量と管理者の存在価値は、反比例の関係にあるのだ。

例えば、工場で品質不良が発生したとする。このとき、たとえ不良が発生しても製品在庫があれば、出荷に支障が出ない。

したがって、品質不良が大きな問題にならず、品質不良が起こった原因に対して、抜本的な対策が打たれない。

すると、品質不良を起こした問題の原因はそのまま工場に残り、また問題が再発することになる。

機械故障、生産管理のミス、作業者のミスなど、工場で発生するトラブルは全て、製品在庫があれば大きな問題にならない。

工場で起こる問題点が、製品在庫がたくさんあることで見えなくなってしまうのだ。そして、管理者がいなくても出荷に影響がないから、管理者の仕事も特にない。

これでは工場にずっと問題の種が残ったままとなり、慢性的に問題を抱えることになる。

製品在庫を減らすことで、工場で発生する問題点が明確になり、今後問題を起こさないようにするにはどうしたらよいか、というカイゼンのヒントが得られる。

まずは製品在庫を減らし、問題点を明確にしてカイゼンを進めるようにしたい。

工場に隠れている在庫の問題

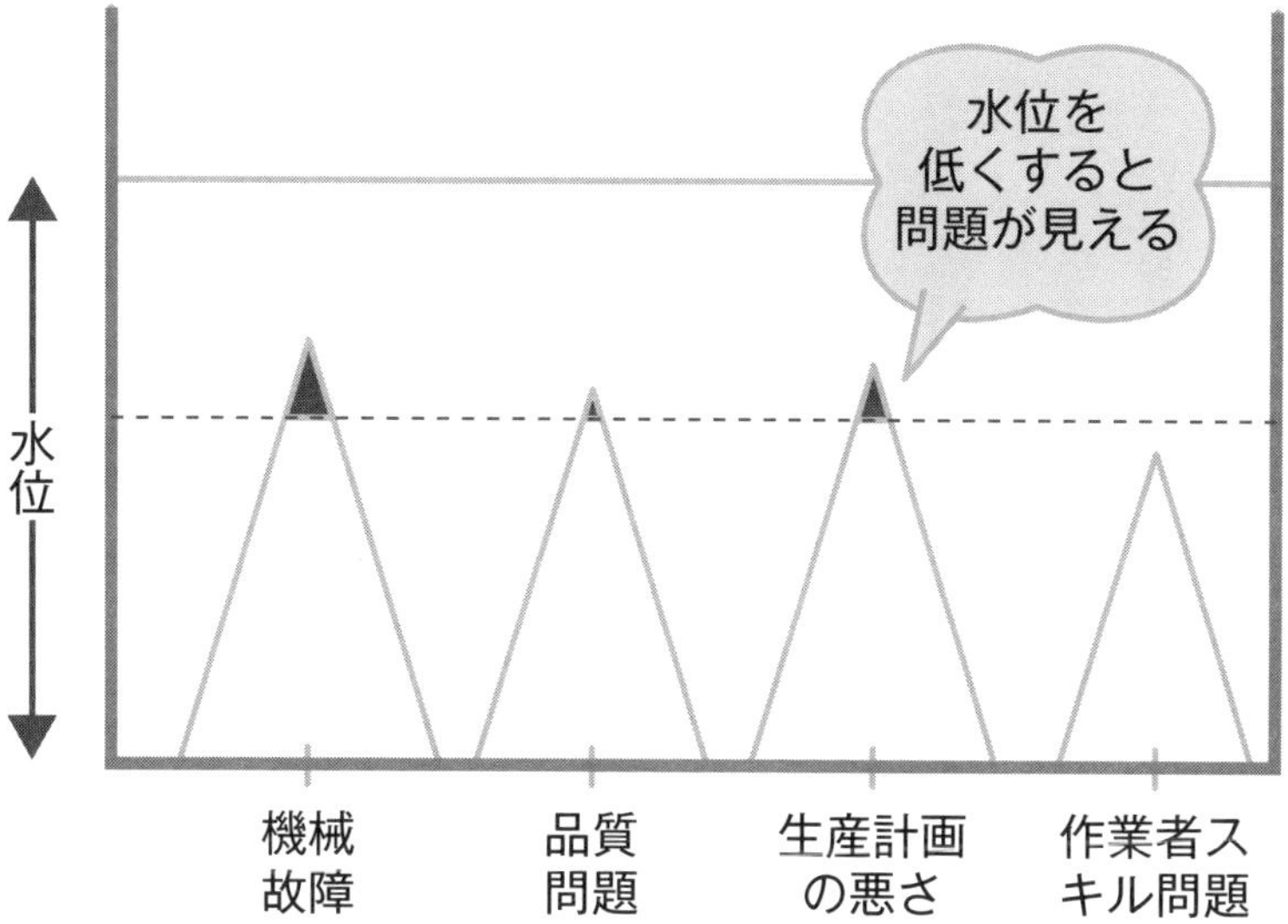

在庫が多い　＝　水位が高い

水位が高いと水に埋もれている
工場の問題が見えない

水位を低くして、工場の問題が
見えるようにすれば、カイゼンできる

二律背反の法則

カイゼンの副作用を知る

●二律背反とは?

工場においては二律背反の現象が多い。二律背反とは、トレードオフとも呼ばれ、**一方をよくすると、別の面が悪くなってしまうような関係**を指す。

身近な例でいうと、自動車保険で、保障内容を充実させると安心できるが、一方で月々の保険料は高くなるというような関係だ。

カイゼン活動においても、ある部分をカイゼンすると、別の部分に悪影響が出てしまうことがある。

工場には、この二律背反が多く見られる。

①社内不良とクレームの関係

クレームを減らすためには、社内の検査精度を高め、外部に漏れないようにする必要がある。

その結果、社内で発見される不良の件数は増える。

②部材の欠品と在庫量の関係

部材の欠品を防ぐには、部材を多めに持っていればよい。しかし、そうすると部材在庫がどんどん増えてくる。

逆に、部材在庫を減らすと、部材の欠品する可能性が高くなる。

③材料発注量と単価の関係

部材を購入する際、発注量を増やすと単価が下がり、発注量を減らすと単価が上がる。

④第一種と第二種の誤り

第一種の誤りとは、検査員が良品を不良品と判断してしまう誤りである。

第二種の誤りとは、検査員が不良品を良品と判断してしまう誤りである。

第一種の誤りは会社に損害を与え、第二種の誤りは顧客に不満足を与える。第一種の誤りをなくすようにすると、第二種の誤りが増えてしまうのである。

●二律背反をカイゼンに活かす

カイゼン活動においては、常に二律背反の関係を意識することが大切だ。**何かを改善すると、その影響で他の何かが悪くなる可能性がある**のだ。

二律背反の関係を意識しながら、最もよい方法を見つけ出していくことがカイゼンの急所なのだ。

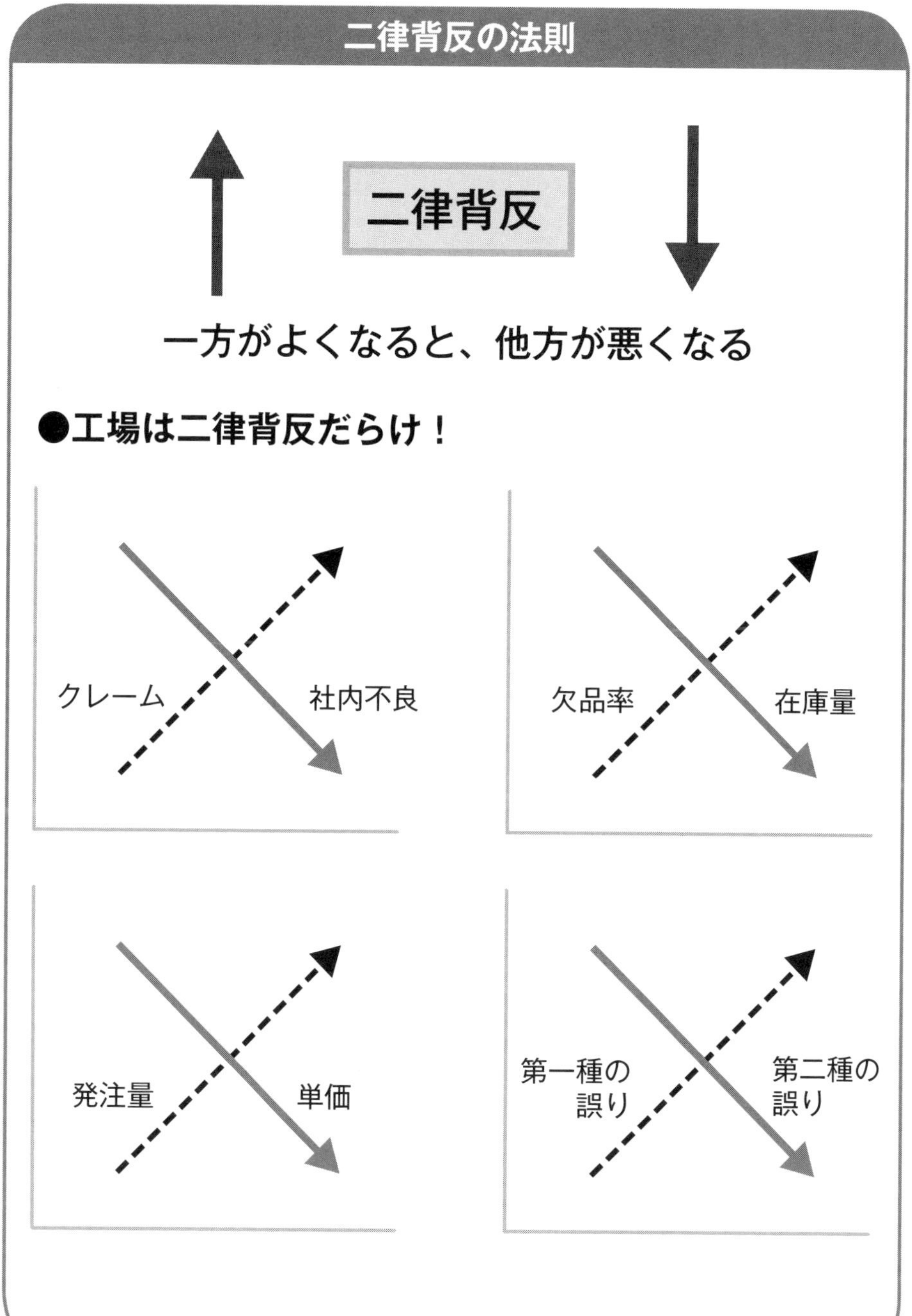
二律背反の法則
二律背反
一方がよくなると、他方が悪くなる
●工場は二律背反だらけ！
クレーム
社内不良
欠品率
在庫量
発注量
単価
第一種の誤り
第二種の誤り

Section 8

守・破・離

カイゼンは習い事

カイゼンは基本と続けることが大切

●守・破・離とは？

習い事には、守・破・離というステップがある。

「守」……**師匠の教え通りにやる**

「破」……**独自の工夫が出てくる**

「離」……**師匠より上手になる**

剣道なら、まず先生の教え通りに、竹刀の持ち方、面の打ち方を行なう。先生のマネをするようにして覚える。次に、自分なりに工夫をして、独自の戦い方を身につけていく。そして、最後は先生に勝つまでに成長していく。

これが習い事の守・破・離という考え方であり、**新しいことを習うには基本が大切**という教えでもある。

●カイゼンも守・破・離のステップ

カイゼン活動においても、守・破・離のステップに従うとよい。

囲碁の世界に「定石《じょうせき》」と呼ばれるものがある。これは、石の基本的な置き方である。

これと同じように、カイゼンにも定石がある。例えば、複数人で行なう組立工程においては「1ヶ流し」を行なうということだ。

また、工場全体の生産性を上げるには、「ネック工程」の生産性を上げる必要があるということだ。

このような定石を、まずしっかり理解し、続けることが大切である。

しかし、実際には、このような定石の意味をしっかり理解して続ける前に、独自のやり方で進めてしまうことがある。

ゴルフのスイングなどが典型であるが、最初に独自のフォームで慣れてしまうと、後から修正するのはとてもたいへんだ。

カイゼンにおいても、まずはしっかり**基本を理解し、続けてみることが大切だ**。

続けていくと、基本の意味や価値がわかり、いろいろなことを学ぶことができる。そして、その上で独自の工夫を加えていくと効果的だ。

「継続は力なり」という言葉があるように、カイゼンの基本をしっかり続けることを意識しよう。

囲碁と生産性向上の定石

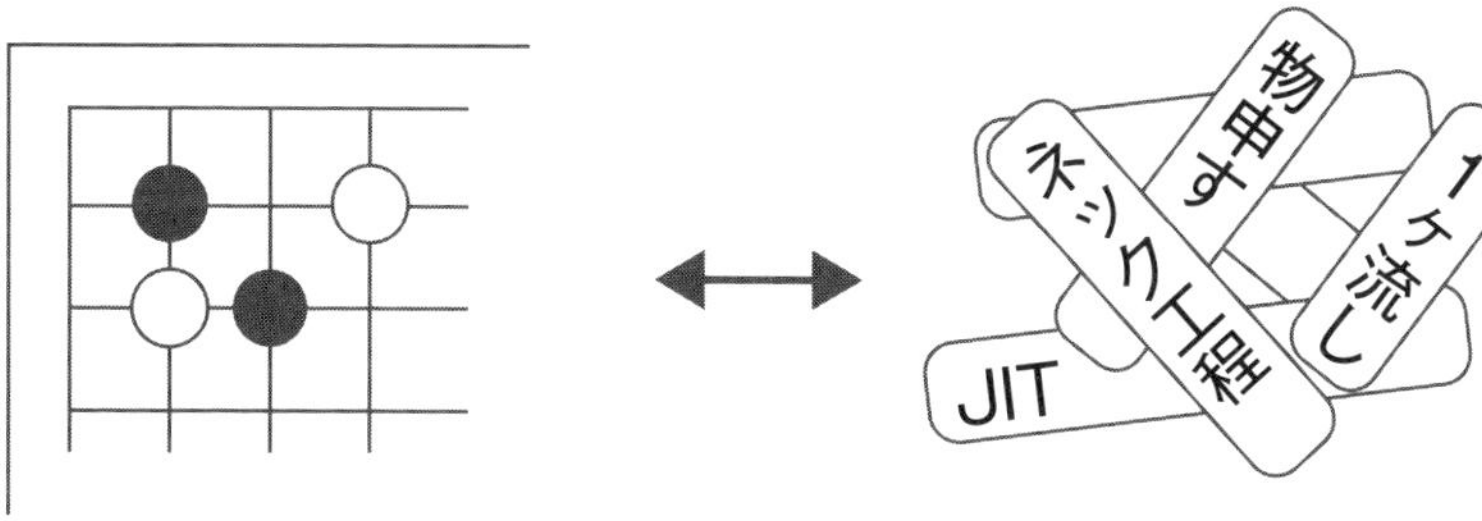

POINT

どの場面でどの定石（手法）を
使うかで勝敗が決まる

●守・破・離のプロセス

守　師匠から基本をしっかり教わり、身につける

↓

破　基本を忠実に実践していくことによって、本人のよさ、独自性が生まれてくる

↓

離　さらに実践を重ねていくと、独自性がさらに高まり、師匠の教えとは異なった領域にいたる

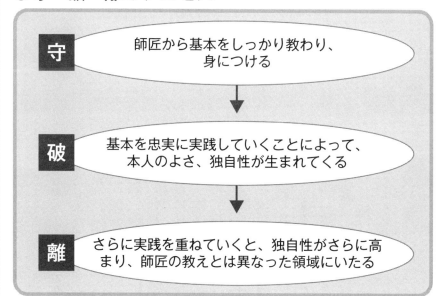

Section 9

原因と結果の法則

原因と結果の関係を理解する

万物にあてはまる原則とは？

原因と結果の法則とは？

物事には全て原因と結果がある。これは紀元前に仏教を開いたお釈迦様の言葉であるといわれるものだ。

そして、その後多くの哲学者や思想家にも、原因と結果の法則が大きな影響を与えた。

例えば、食べ物をたくさん食べると、体重が増える。畑に種を撒くと花が咲く。

このようなシンプルな法則なのだが、学ぶべき視点は、「**結果を変えることはできない。結果を変えるには、その原因を変える必要がある**」ということだ。

工場で起こることは全て結果

原因と結果の法則は、工場のカイゼン活動にも役立つ。

例えば、作業者がミスをして不良品が出たとする。このとき、不良品が出たことが結果で、作業者がミスしたのが原因と考える。

しかし、**作業者がミスをしたのは結果である**。その原因とは、監督者がミスをしないような教育、またはミスを起こさないしくみづくりを怠っていたことなのだ。

だから、カイゼンすべきポイントは、作業者自身がミスしないように気をつけることではない。監督者が、**作業者を教育し、正しい作業ができるようにすることがカイゼンすべきポイントなのだ。**

そして、作業者がミスをしたくてもミスができないようなしくみを構築することが管理者の仕事なのだ。

工場の決算書、クレーム件数、納期遅れ件数、社内不良損失、在庫などは全て結果である。

これらの結果を変えるには、その原因を正しく理解し、原因を変える行動をとっていく必要がある。

工場で起きることの全てを結果ととらえ、その原因を正しく認識することで、カイゼンすべきテーマが定まってくる。

原因と結果の法則をカイゼン活動に活かしていこう。

原因と結果の考え方

[原因]	[結果]
（変えることができる）	（変えることができない）
・仕事のやり方・考え方	・工場で起こるトラブル
・管理者の役割	・作業者のミス
・製造条件・手順	・クレーム・納期遅れ

POINT

原因を正しく認識し、正しく変えることで結果が変わる。

お釈迦様を起源とする原因と結果の法則は、ジェームズ・アレン、ナイチンゲール、デール・カーネギー、ナポレオン・ヒル、オグマンティーノなど多くの人物に影響を与えている

Section 10

ベテランの葛藤

過去を問わない

常に未来を考えよう

過去は変えられない

「覆水盆に返らず」ということわざがある。一度してしまった失敗は取り返しがつかないという意味だ。

カイゼン活動においては、失敗することも多い。むしろ、たくさん失敗することで、成功につながるケースが多いという方が正しい。

電球を発明したエジソンは、5000回以上実験を繰り返し、やっと電球の素材を見つけ出したのである。

このときエジソンは、毎回失敗する実験を失敗とは考えていなかった。

「うまくいかない素材を1つ発見しただけだ。だから、また成功に1歩近づいた」そう考えていたそうだ。

カイゼンにおいて、過去に失敗したことを追究する管理者がいる。

「どうして○○をしなかったのか」「なぜ、もっと早くやらなかったのだ」というような言葉を問いかけても、過去は変わらず、言われた方はカイゼンする意欲を失うだけだ。

逆に、過去に大きなカイゼンを行ない、成果を出した人が、それを何度も自慢するケースもある。これもカイゼンを進めていく上では不要なことだ。

失敗も成功も全て過去は問わない。

今、これから何ができるかを考えることに集中すべきだ。

カイゼンを進める上で、押さえておきたい重要なポイントである。

過去に引っ張られない

カイゼンを進める上で大切なことの1つが前向きな発想だ。新しいことにチャレンジする「挑戦心」ともいえるだろう。

面白いことに、この挑戦心はベテランほど低く、新人ほど高い。

なぜかというと、ベテランは過去にたくさん失敗しているので、新しいことも失敗する予感を持っている。

逆に、新人は失敗経験がないので、成功する予感を抱くことができる。

カイゼンを進めていく上では、いかにベテランの挑戦心を向上させるかがポイントになる。ここを意識してカイゼンを進めよう。

ベテランの挑戦心をいかに引き出すか

ベテランの発想

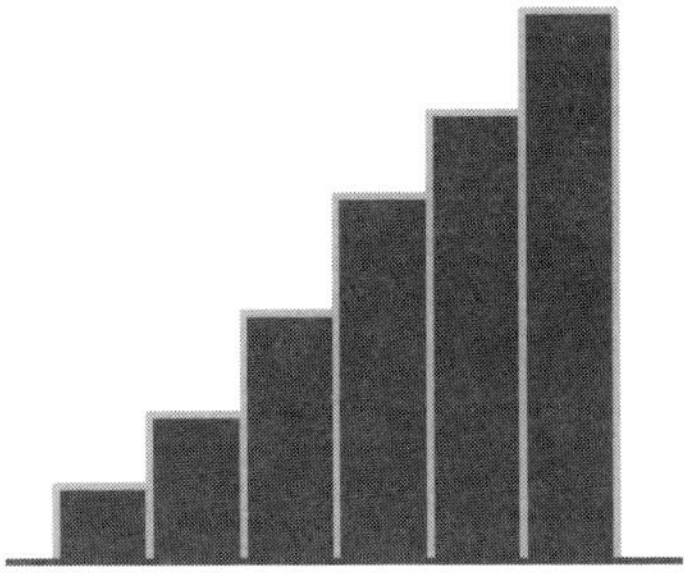

うまくいかなったことが
たくさん蓄積されている

たぶんムリだろう。これもムリ、あれもムリ……

新人の発想

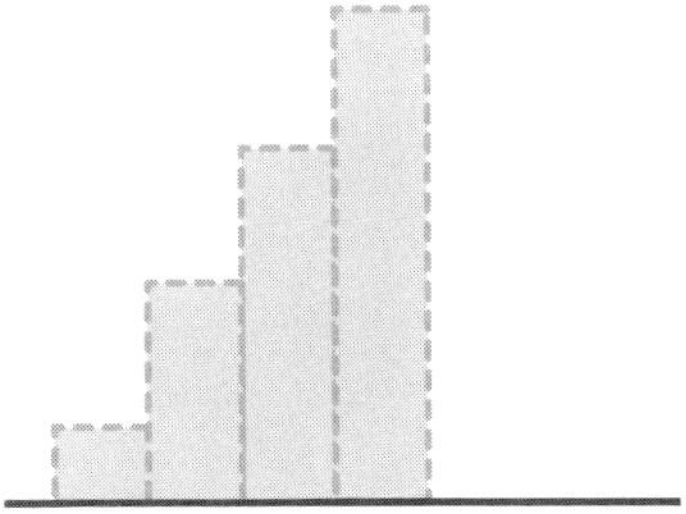

うまくいかなかったことは
まだ何もない

もしかしたら、できるかも！よし、やってみよう！

Section 11

世界で最も偉大な思考法

アインシュタインの思考法

質問の質で決まる

●アインシュタインの思考法とは?

アルバート・アインシュタインは、ノーベル物理学賞を受賞した物理学者である。

20世紀で最も偉大な発見と呼ばれる相対性理論で広く知られているアインシュタインの思考法は、カイゼンにも役立つので紹介しよう。

●新しいやり方の発明

カイゼンのやり方や方法を考えるとき、**すぐに思いつく方法は大きなカイゼンには繋がらない場合が多い**。その理由は、今のやり方・方法の延長上で考えたものだからである。

逆に、今のやり方・方法では解決することができないと思われることに取り組むのが価値あるカイゼンである。

新しいやり方を発明するという発想が大きなカイゼンを生んでいく。

●正しい質問は正しい答えを導く

質問と答えはセットになっている。そして、**質問の質が答えの質を決める**のである。

優れたアイデアを生み出す人は、優れた質問をしている。

例えば、モノを運ぶ際の運搬を効率化したいと考えたとき、「どう運搬するか?」と質問すると、答えは運搬の方法や道具になる。結果として、運搬の時間短縮のカイゼンとなるのだ。

「なぜ運搬するか?」と質問すると、答えは運搬の必要性や目的になる。結果として、運搬をしない(運ばない)カイゼンとなる。

答えに行き詰まったら、質問を変えてみることが大切である。

アインシュタインは、当時の常識を根底から覆すような発見をしたが、そのきっかけはシンプルな質問だった。

鏡で自分の顔を見ているとき、「もし、鏡から自分が光の速度で離れたら、鏡に自分の顔は映るのだろうか?」と思ったそうだ。

この素朴な質問から世紀の大発見が生まれたのである。ぜひ、カイゼンにもこのような発想法を活かしたい。

カイゼンのヒントは、既にあなたの中にある。それを引き出す質問力を高めよう。

アインシュタインの思考法

今、解こうとしている問題は、今、やろうとしている方法では解けない

問題を書き出せ
難しい点を25字で書け

失敗したら処刑されるくらいの気持ちでやれ

正しい質問がなければ、正しい答えを見極めることはできない

新しいやり方を発見しなければならない

今、皆が考えている中に解決策はない

考え抜かなければならない

無難なアイデアは優れたアイデアの最大の障害物となる

代替案を
独自で考えよ

POINT

**カイゼンに行き詰まったら、
思考法を変えてみよう**

COLUMN 6

マーフィーの法則

マーフィーの法則をご存じだろうか？　世の中で起きていることの経験則をユーモアを交えて表現するもので、一時期、日本でも大きく話題になったものだ。

例えば、「高価なものほどよく壊れる」、「洗車し始めると雨が降る」などである。マーフィーの法則はたくさんあるのだが、その中で、「探し物は最後に置いた場所にある」というのがある。

物は自分で勝手に場所を移動しない。だから、物は最後に置かれた場所に置かれている。つまり、なぜ人は探し物をするかというと、最後に置いた場所を覚えていないからだ。

逆にいうと、最後に置いた場所を覚えていれば、物を探すということは起こらないということだ。

朝出かけるとき、探し物をすることが少なくない。財布、時計、携帯電話、手帳、名刺、ハンカチ、ネクタイ等々。一番厄介なのは「メガネ」だ。メガネがなければ、何も探せない。ただでさえ忙しい朝の時間に、このような探し物をするのはムダだ。工場のカイゼン活動を推進している立場上、このようなムダを野放しにしておくことはできない。

そこで、最後に置く場所を決めた。毎日、仕事から帰ってきたら、財布や携帯電話、時計などを所定の位置に置くようにした。すると、朝探し物をすることがなくなった。

これは会社の仕事でも同じことだ。いつも探し物をしている人は、最後に置く場所を決めよう。

第7章

カイゼンの成功事例集

Section 1

事例紹介① 自動倉庫

自動倉庫の撤去

常識を破ろう

●神話の崩壊

第6章まではカイゼンの考え方や進め方、カイゼンで使う道具を紹介してきた。

第7章では、具体的なカイゼンの事例を紹介していく。

まずは、通信用電線をストックするためにつくられた1000個のボビンを収納するコンピュータ制御の自動倉庫に関する事例を紹介しよう。

通信用電線には、使用する銅線のサイズと被覆ポリエチレンの色について、膨大な数の組み合わせがある。よって、常識的に考えると、この電線を在庫しておくために自動ボビン倉庫が必要となる。

当初、この倉庫には800ボビンが保管されていた。

通信用電線は50ボビンを1セットとして束ねるので、1ボビン不良があると、49ボビンが停滞する（1ボビンを再製するまで待つ必要がある）。

このように、不良が発生するため、多くのボビンを在庫しておく必要性が出ていたのであった。

そこで、不良を低減させるため、プロジェクトチームをつくり、調査を行なった。

不良発生の原因は、4本の銅線の伸び率の不均一と、4本を撚るときの張力調整の不均一であった。

そこで、プロジェクトチームは製造条件を再設定することで、不良の低減に成功した。

その結果、800ボビン保管していた在庫は不要となった。

これにより、コンピュータ制御の自動倉庫が必要なくなり、撤去することができた。

このカイゼン前は、この自動ボビン倉庫はなくせないと考えていた。

だから、在庫を多く持つことを前提にコンピュータ制御の自動倉庫を導入したのだ。

カイゼンの基本的知識、発想方法、そしてカイゼンする意識の高さがあれば、「常識」と考えられているものを崩していくことも十分に可能なのだ。

自動倉庫のカイゼン例

●ボビンの構成

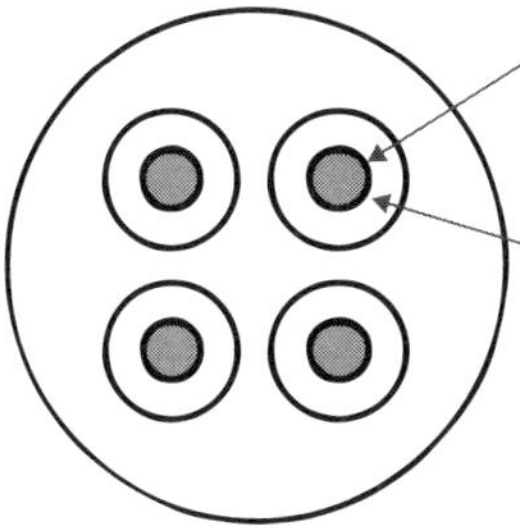

●カッド自動倉庫の撤去

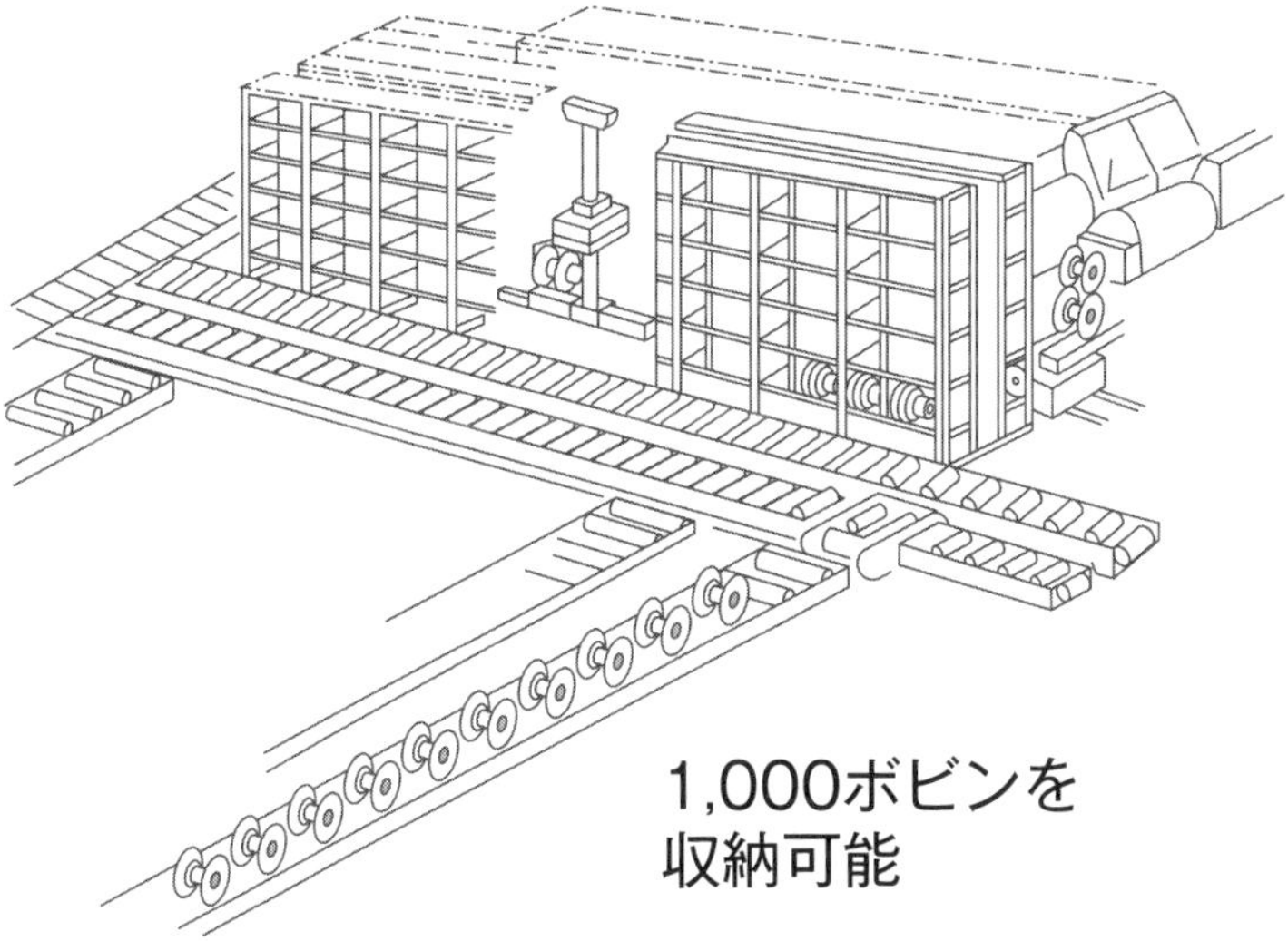

POINT

当たり前や常識を疑ってみよう

Section 2

事例紹介② ダンボール製造工場

在庫ゼロ化

大胆な仮説を立てる

●直注化

ダンボール製造工場R社の在庫ゼロ化の事例を紹介しよう。

R社の主要顧客は、当日午後3時までの受注は、翌日午後5時までに出荷することが要求だった。

この要求に応えるため、製品在庫として800種類を工場内の倉庫と外部の倉庫に保管管理していた。

カイゼン前は、ちょうど在庫管理用にコンピュータシステム導入を検討していたが、その前にカイゼン活動をやってみることにした。

主要顧客からR社には、FAXで注文情報が入ってくる。すると、生産管理課が在庫の有無を確認しに行く。

R社は800種類の在庫を持っているが、顧客からの注文品種は1500種類ある。

さすがに、1500種類の全てを在庫として持っておくことはできないので、そのうち800種類を在庫として保管していたのだ。

在庫として保管している製品であれば在庫から出荷するのであるが、在庫の800種類以外の品種の注文の場合は、早急にダンボールのシートメーカーへFAXして、翌朝の8時に工場へ納品する依頼を行なう。

このように、在庫を持たずに、注文が来てから手配する方法を「直注化」という。

顧客からの注文状況を調べてみると、800種類の在庫から出荷するケースが50％であることがわかった。

50％は在庫がない状態で納期に間に合わせているのだ。つまり、50％が直注化できているということだ。

そこで、**直注化を50％から100％にするにはどうすればよいか？** という発想でカイゼンを進めた。

左ページのようなカイゼンの結果、直注化100％となり、800種類の在庫をゼロにすることができた。

このカイゼンにより、外部の倉庫が必要なくなった（倉庫賃料が不要）。

また、莫大なコストのかかるコンピューターシステムを導入する必要もなくなり、大きな経済効果を生んだ。

ダンボール工場のカイゼン例

●カイゼンのポイント

① 仮説を立てる

……700種類は在庫なしでできているのだから、残りの800種類でもできるのでは？　と仮説を立てることで、カイゼンのヒントが生まれる

② 「できる方法」を考える

……「できない理由」を考えるのではなく、「できる方法」を考えることでカイゼンが進む

カイゼン前

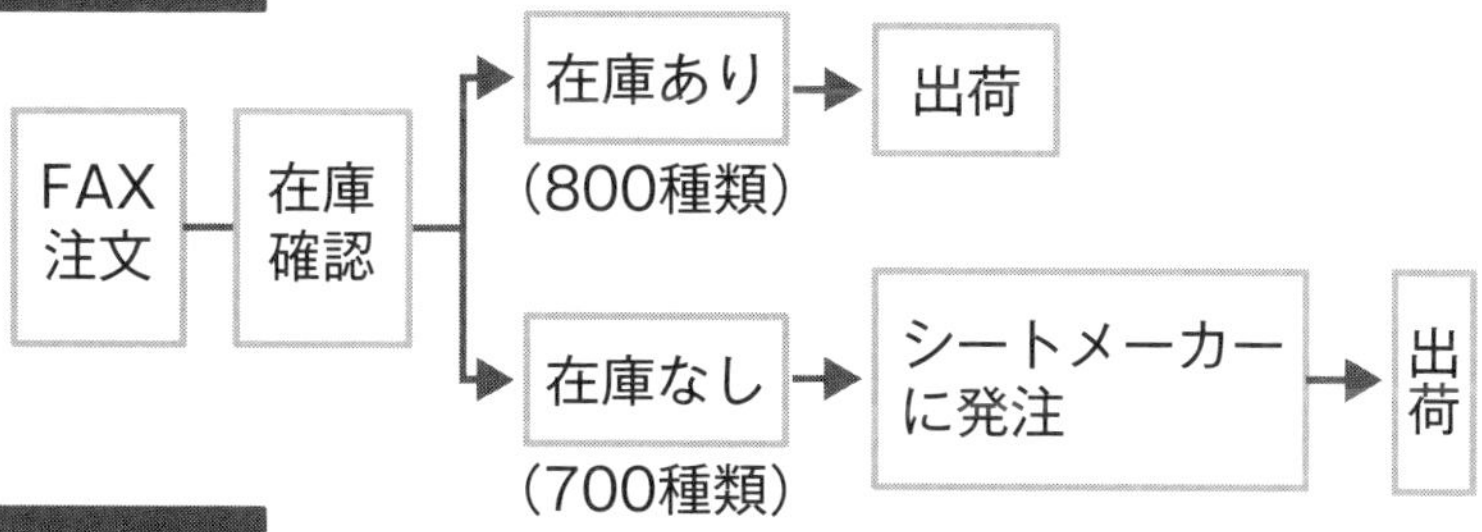

カイゼン後

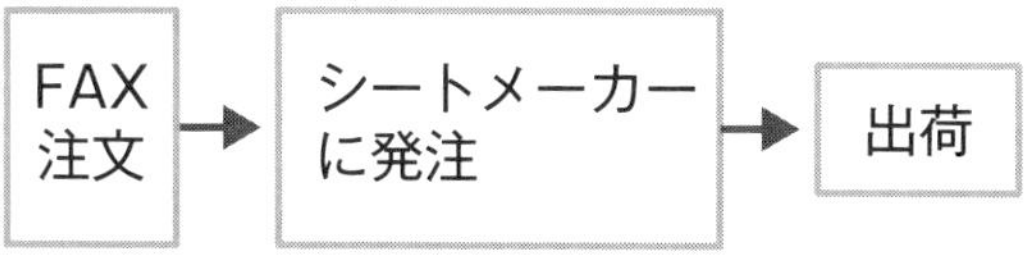

●カイゼンの効果

① 在庫の管理コスト減
（人件費・コンピュータシステム費用）

② 在庫の補完コスト減（倉庫代）

Section 3

事例紹介③　押出成形工場少人化

作業を観察しよう

自働化による少人化

押出成形工場における自働化による少人化の事例紹介をしよう。

I社はプラスチックの押出成形の工場であり、押出機が26台、作業者が30人であった。

具体的には、次のような作業を行なっていた。

①材料補給
②段取り替え
③寸法確認
④ダンボール梱包

カイゼン前は、1人が押出機1台を担当していた。

まずは、15分間じっと作業を観察したところ、作業者は忙しそうに動き回り、機敏な動きをしているように見えた。

しかし、よく動きを観察してみると、**今やらなくてもよい作業ばかり**であった。

例えば、作業者は機械がある長さに切断したものを、5～6本まとめて、ダンボールに入れていた。これは20～30本溜まってからダンボールに入れてもよいのだ。

そこで、1日改善会を実施することでカイゼンを進めた。

具体的には、1人が2台持ちを実現することを目標とした。

目的は、少人化（少ない人数で仕事を行なうしくみ）を実現することで、工数低減を行ない、生産性を向上させることである。

メンバーで観察を行ない、機械が動いているときに人がいても、付加価値がつかないことをしっかり理解した。

そして、やるべき作業は、シンプルに材料補給、寸法確認などであることを確認した。また、梱包作業が必要な数量になったら梱包作業すればよいことも確認した。

そこで、製造課長に1人2台持ちの実験を1時間やってもらった。

実際にやってみると、何ら問題なく作業ができた。

じっくり作業を観察し、カイゼンをすぐにやってみることが大切だ。

押出成形工場のカイゼン例

●カイゼンのポイント

① **必要な作業**……今やるべき作業と、今でなくてもよい作業を分けて考える

② **自働化**……機械が動いているときに、人がいる必要はない

	ダンボールに入れる	梱包作業
カイゼン前	5～6本	その都度（作業者任せ）
	（入れる回数が減る）↓	（梱包回数が減る）↓
カイゼン後	20～30本	梱包する単位（ルールを決める）

●カイゼンの効果

① **1人あたりの作業工数の減少**

② **1人2台持ちの実現（少人化）**

※ 1人あたりの作業量を減らすことで、
1人が2台をまとめて担当できるようになる

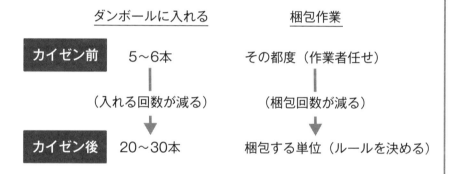

Section 4

事例紹介④ 組立工場

部品のセット化

粘り強くカイゼンを進めよう

●部品のセット化と1ヶ流し

建築用の扉をつくる組立工場における生産性向上の事例を紹介しよう。

T社は扉を製造しており、「プラモデルづくり」によく似た工場である。

通常は、扉の部品が一式揃ってから組み立てる。しかし、T社の工場では、部品が間に合わなくても、ある部品だけで扉を組み立てている状況だった。

部品が一式揃ってから組み立てることを「部品のセット化」という。

部品のセット化が行なわれていないと、組立途中の仕掛品が増え、組立工場の生産は、部品工場の生産状況に振り回されることになる。

このようなムダが多く生じるため、部品のセット化をカイゼンのテーマとした。

また、組立工程では、組立の定石である1ヶ流しのしくみづくりもあわせて行なうことにした。

まず、組立工程を2つに分けた。

前工程は、扉をつくるための部品をセット化する工程とした。

後工程は、セット化されたものを1ヶ流しでつくる工程とした。

具体的には、左ページの従来のつくり方と新方式を比較する図を参照してほしい。

ストアーとは、部品工場でつくった部品を置いておく場所であり、組立工場はストアーから部品を持ってきて組立作業を行なう。

セット化については、小ロット化して1ヶ流しがやりやすいように、現場をカイゼンした（第2章8項参照）。

そして、製品ロットを4分の1にして、1日改善会により、1ヶ流しの時間短縮も行ない、新方式を実現して、生産性向上を実現した。

カイゼンに抵抗はつきものである。

新方式に変えるには、大きな抵抗があったが、粘り強く一歩一歩進めていくことで生産性が向上した。

大きな成果を出すカイゼンには抵抗がつきものだが、忍耐力を持ってカイゼンを進めよう。

組立工場のカイゼン例

カイゼン前　従来のつくり方

部品工場

部品の生産はロット単位で行なう
組立に関係なくできた部品をどんどんストアーに置く

ストアー

組立するための部品

○ ○ ○ ○
▲ ▲ ▲

部品がバラバラ

組立工場

下準備	組立	溶接	仕上

- 各作業を2名ずつ担当する
- 作業ごとに負荷が異なるので忙しい人と余裕ある人が生じる（この差をムダと考える）

カイゼン後　新方式

部品工場

ロットを1/4にして、組立に必要な部品が全て揃ってからストアーに置く

ストアー

組立するための部品

○ ▲ □

○ ▲ □

セット化された部品

部品が組立できる単位で揃う

組立工場

下準備	組立	溶接	仕上

→

- 2名が全作業を行なうので、忙しい人と余裕ある人は生じないこのラインを4つ（8名分）同時に流す
- さらに全作業の時間短縮を図ることもできる

Section 5

事例紹介⑤ 木製パレットの製造工場

1ヶ流しで時間短縮

固定観念を取り去ろう

●パレット製作の作業改善

木製パレットをつくる製造工場における時間短縮の事例を紹介しよう。

C社は木製パレットを製造している工場である。

木製パレットとは、部材や製品を運搬する際、フォークリフトの爪を入れる台である。

木製パレットを製作するのは、木板を組み合わせ、釘で留める簡単な作業だ。

作業者は、ネイラーという釘打ち器を手に持ち、釘打ち作業を行なってパレットを製作していく。

カイゼン前は、このパレットを製作するのに、2人の作業者で5分かかっていた。

作業内容は、1人の作業者がパレットの表を製作し、もう1人の作業者がパレットの裏を製作していた。

そして、パレットの表と裏が完成した後、2人で組立してパレットを完成させていた。

この従来のやり方を、2人の作業者がパレットの表と裏の製作、そして組立までを同時に行なうカイゼンを実践した。つまり、2人が1つのパレットを1ヶ流し方式で行なうようにした。

結果として、半分の2分30秒でパレットを完成することができた。

●カイゼンの更なる価値

このカイゼンで大切なことは、**従来のやり方が最もよい方法であると考えていた発想を打破したことである。**

簡単な作業であるからこそ、これ以上は時間短縮できないだろうという固定観念が生まれ、カイゼンするという発想がなかった。

しかし、今回のカイゼンを通して、自分たちの従来のやり方にもまだまだカイゼンできる可能性があると知ったことは、大きな成果である。

そして、このようなことは話を聞いただけでは実現しない。現場で実際に体験してみてはじめて実現するのだ。

だからこそ、現場に出て、どんどんカイゼン体験を積んでいくことが必要なのである。

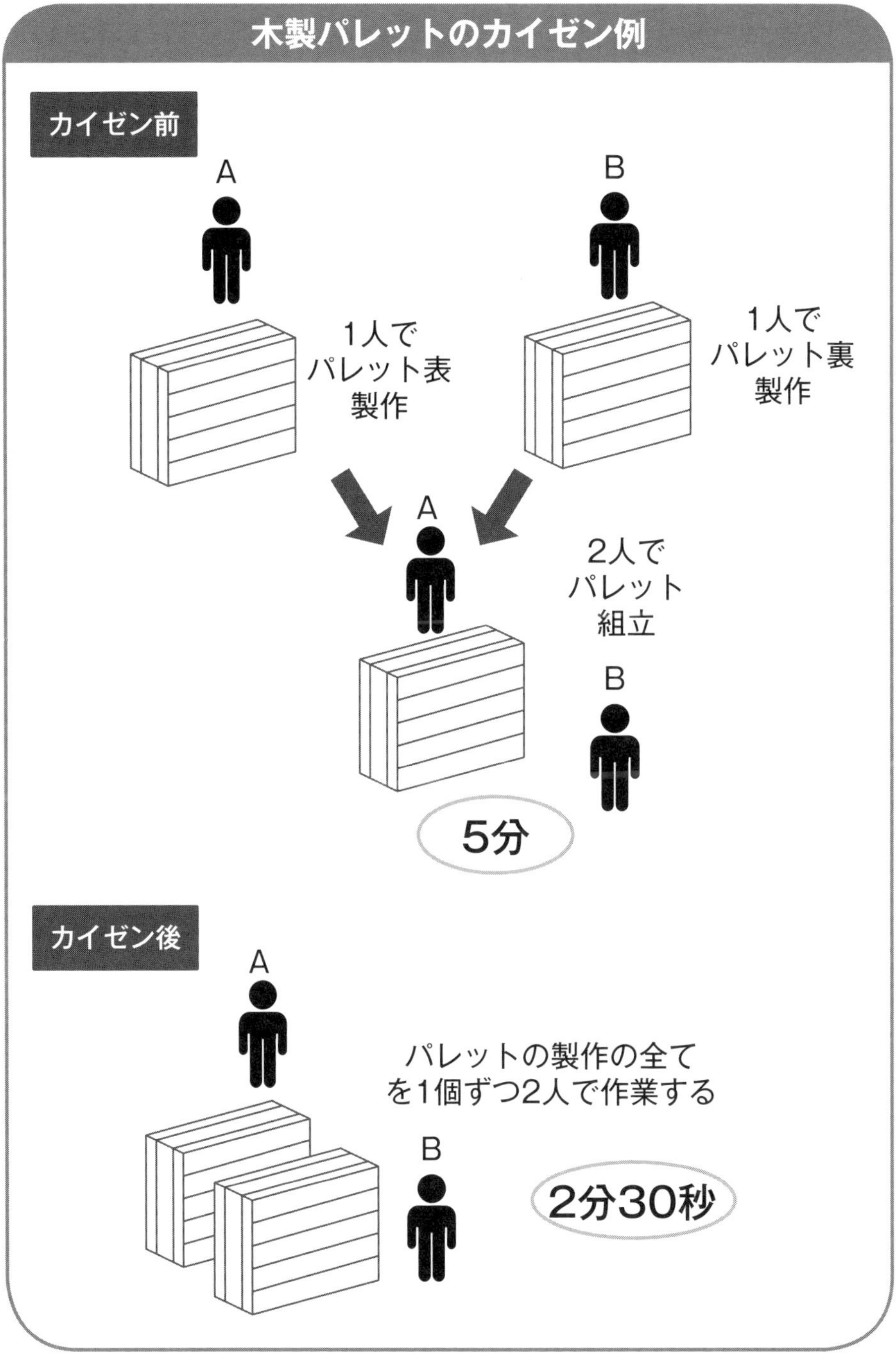
木製パレットのカイゼン例
カイゼン前
A
B
1人で
パレット表
製作
1人で
パレット裏
製作
A
2人で
パレット
組立
B
5分
カイゼン後
A
パレットの製作の全て
を1個ずつ2人で作業する
B
2分30秒

Section 6

事例紹介⑥ クリーニング工場
標準作業組み合わせ票の活用

作業時間を測定しよう

●クリーニング工場の生産性向上

クリーニングを行なう工場における生産性向上の事例を紹介しよう。N社はクリーニングを行なう工場である。

クリーニング工場では、衣類とワイシャツでラインが異なる。

ワイシャツをクリーニングするには、大きく分けて「洗い」工程と「プレス」工程がある。

具体的には、洗濯機で洗った後、3台のプレス機で乾燥し、シワをとる。

プレス機は、えり、そで、ボティの3台を2人の作業者が担当している。

「えり」のプレス機では、2枚のワイシャツを同時にセットして、えりの部分とカフス部分をプレスする。

「そで」のプレス機では、1枚のワイシャツの両袖部分をプレスする。

「ボティ」のプレス機では、えりとそでのプレス機でプレスできなかった全体をプレスする。

2人の作業者が、それぞれ「えり」と「そで」、そして「ボティ」を担当していた。

そして、どちらかが遅れると、お互いに手伝うというやり方であった。

実際に作業観察してみると、2人の作業者の役割がはっきりしていないため、プレス済みのワイシャツがそのまま残っていることもあった。

しかも、「そで」と「ボティ」はワイシャツ1枚ずつプレスするのに対し、「えり」はワイシャツ2枚同時にプレスするため、作業分担を複雑にしていた。

そこで、**各プレス機に要する時間を測定し、標準作業組み合わせ票（第6章10項参照）を作成した**。

プレス機を移動する時間も含め、細かく2人の作業者の役割を決め、実際に作業してみて検証した。

結果として、このカイゼンにより、30％の生産高アップを実現した。また、リードタイムの短縮も同時に実現した。

このように、繰り返し作業においては、標準作業組み合わせ票の活用が有効である。

クリーニング工場のカイゼン例

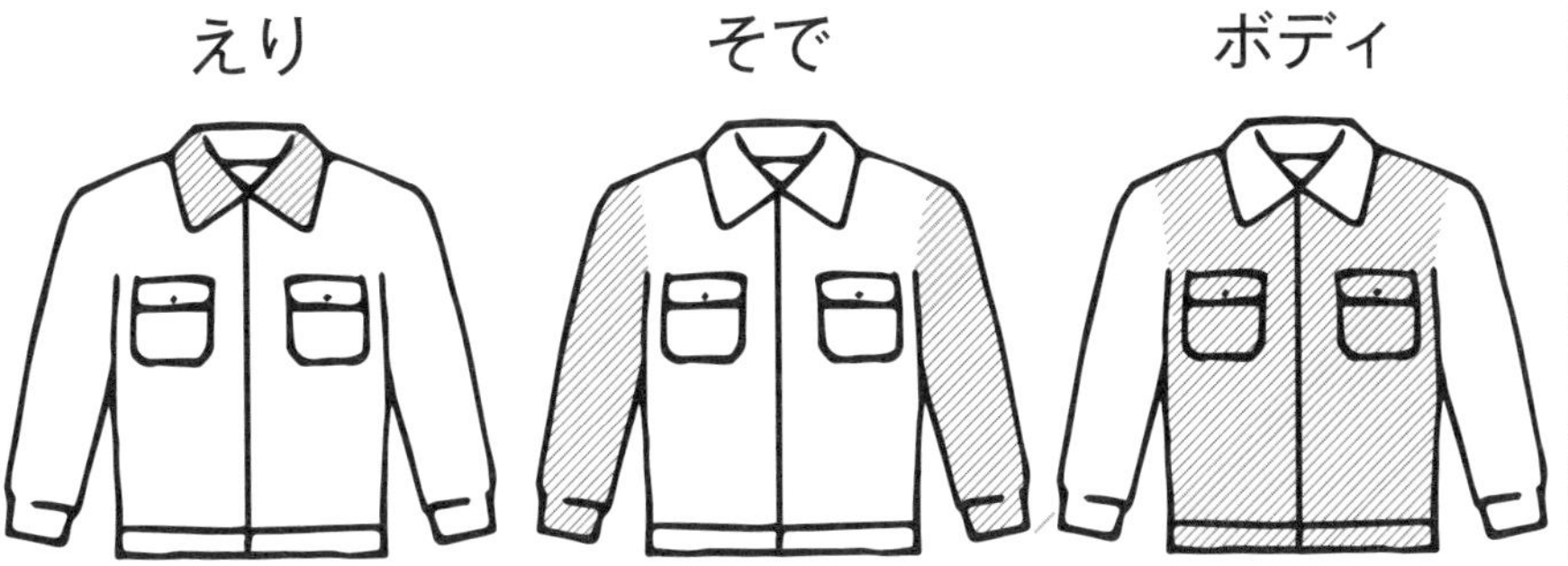

●標準作業組み合わせ票

▨の部分をプレスする

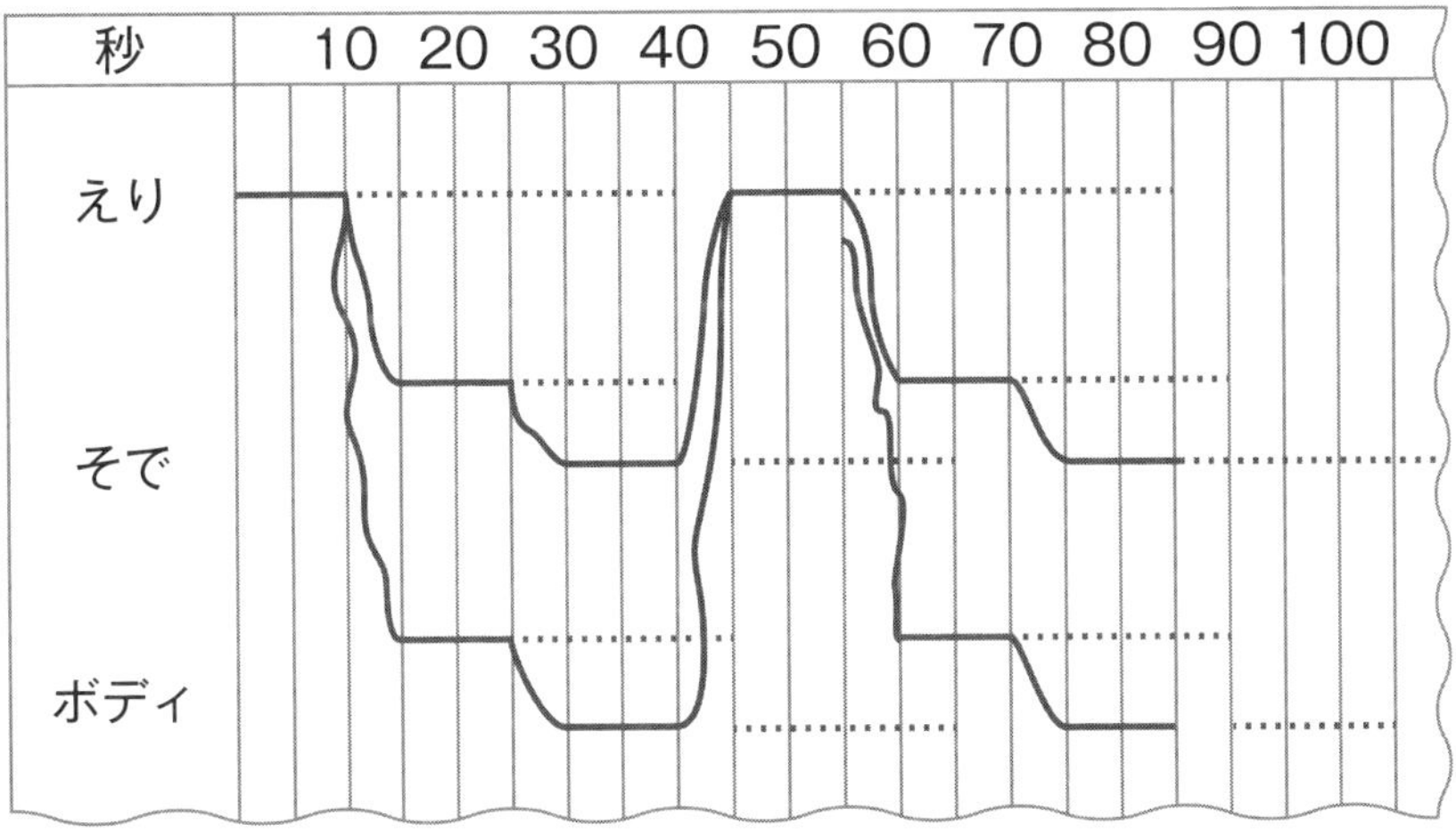

実線（横）＝アイロン機への取り付け時間

実線（縦）＝人の移動時間

点線＝プレス時間

Section 7

事例紹介⑦ 塗装工場

JITによるカイゼン

外段取りを活用する

●塗装工程の少人化

塗装を行なう工場における少人化の事例を紹介しよう。JITによるカイゼン（第2章4項参照）である。

M社は部品の塗装を行なう工場である。塗装工場では、塗装（塗料を吹きつけて乾燥させる）工程は、次のような流れとなる。

①塗装する前の部品を治具に取り付ける

②塗装する

③塗装が終わった部品を治具から取りはずす

塗装工程は、乾燥時間を考慮して、ラインスピードを設定し、その速度に合わせて①から③の作業を行なう。ちょうど、遊園地の観覧車が一定速度で動きながら、人が乗り降りするようなイメージである。

製品の種類によっても異なるが、1個塗装する時間は20～30秒である。

カイゼン前は、①の治具に取り付ける作業を6名が集中的に行なっていた。

これにより、ラインスピードに対して部品の取り付けが過剰となり、仕掛品がたくさん出来上がっていた。

そこで、①治具に取り付ける作業を分析し、一番時間がかかっていたマスキング（塗装しない個所をテープで覆う作業）を事前に治具取付者が行なうことにした。

これにより、①治具に取り付ける作業の時間が大幅に短縮され、6名で行なっていた取り付け作業を1名で行なえるようになった。

この結果、①の取り付け作業とラインスピードのバランスがとれるようになった。

残った5名は、マスキング作業やその他の工程を手伝えるようになった。

さらに、1日改善会を実施して、マスキング作業の時間短縮を図り、さらなる工数低減を進めることができた。

今回のような、マスキング作業を事前に行なうことを「外段取り」という。**機械を止めなくても行なえる事前準備作業全般を指す。**

さまざまな業種で応用できるものなので、外段取りを試してみてほしい。

塗装工場のカイゼン例

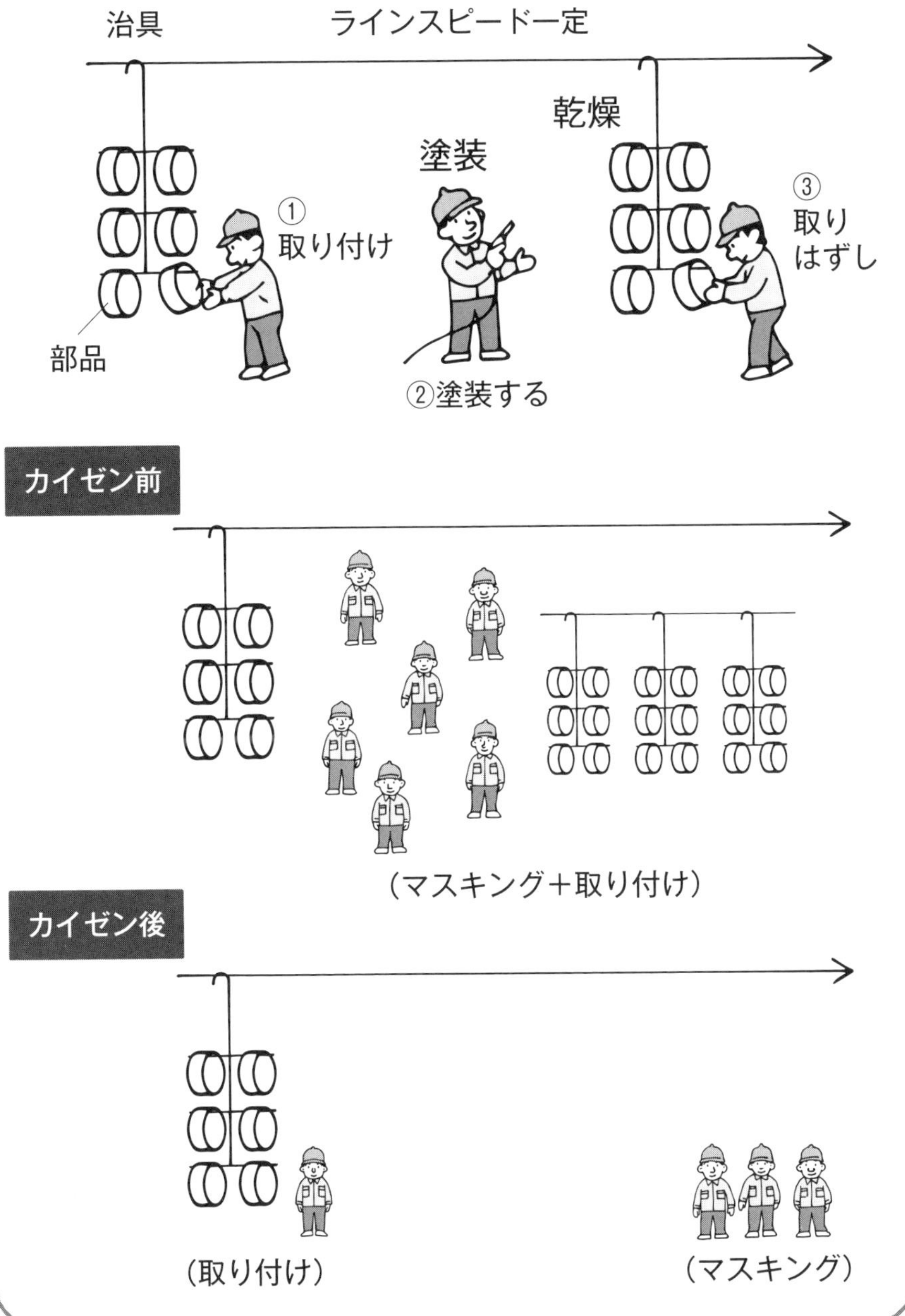
治具
ラインスピード一定
乾燥
塗装
①
取り付け
③
取り
はずし
部品
②塗装する
カイゼン前
（マスキング＋取り付け）
カイゼン後
（取り付け）
（マスキング）

Section 8

事例紹介⑧ 食品加工工場

包装工程の少人化

サイクルタイムとタクトタイムの応用

●包装工程の少人化

食品加工を行なう工場における少人化の事例を紹介しよう。

T社は食品の製造を行なう工場である。

T社の工場では、食材を加工して半製品（例えば、おせんべいなら、小分けに袋詰めされたもの）にする製造工程と、包装する工程に分かれる。

包装工程では、ベルトコンベアーを使用した自動包装を行なう。半製品をベルトコンベアーに投入すると、自動包装を行ない、包装後の完成品を箱詰めにして梱包する。

カイゼン前は、包装ラインに常時2人配置していた。

2人の作業を観察してみると、箱詰めする作業者に手待ちが発生していた。

とはいえ、1人が半製品を投入し、移動して箱詰めする方法では、移動のロスが発生してしまう。

そこで、U字ライン化（U字型にラインを構成し、入口と出口を合わせるレイアウトにすること）を検討した。

ベルトコンベアーをU字型にして、投入した半製品が自動包装され、投入した場所に完成品が戻ってくるようにレイアウトした。

このカイゼンによって、1人で包装作業ができるようになり、1人少人化することができた。

U字ライン化により、1人で作業できると、サイクルタイムとタクトタイム（第2章12項参照）の切り替えができる。

忙しいときには、複数人を投入したり、複数ラインを同時に動かし、サイクルタイムで生産していく。

忙しくないときは、1人がゆっくり生産すればよいのだ。

このように、サイクルタイムとタクトタイムを切り替えることで、**受注の増減に対して、柔軟な人員配置ができるようになる。**

そのためにも、1人が複数工程を担当できるように多能工化（複数工程の作業ができること）の教育をしておくことが大切だ。

食品工場のカイゼン例

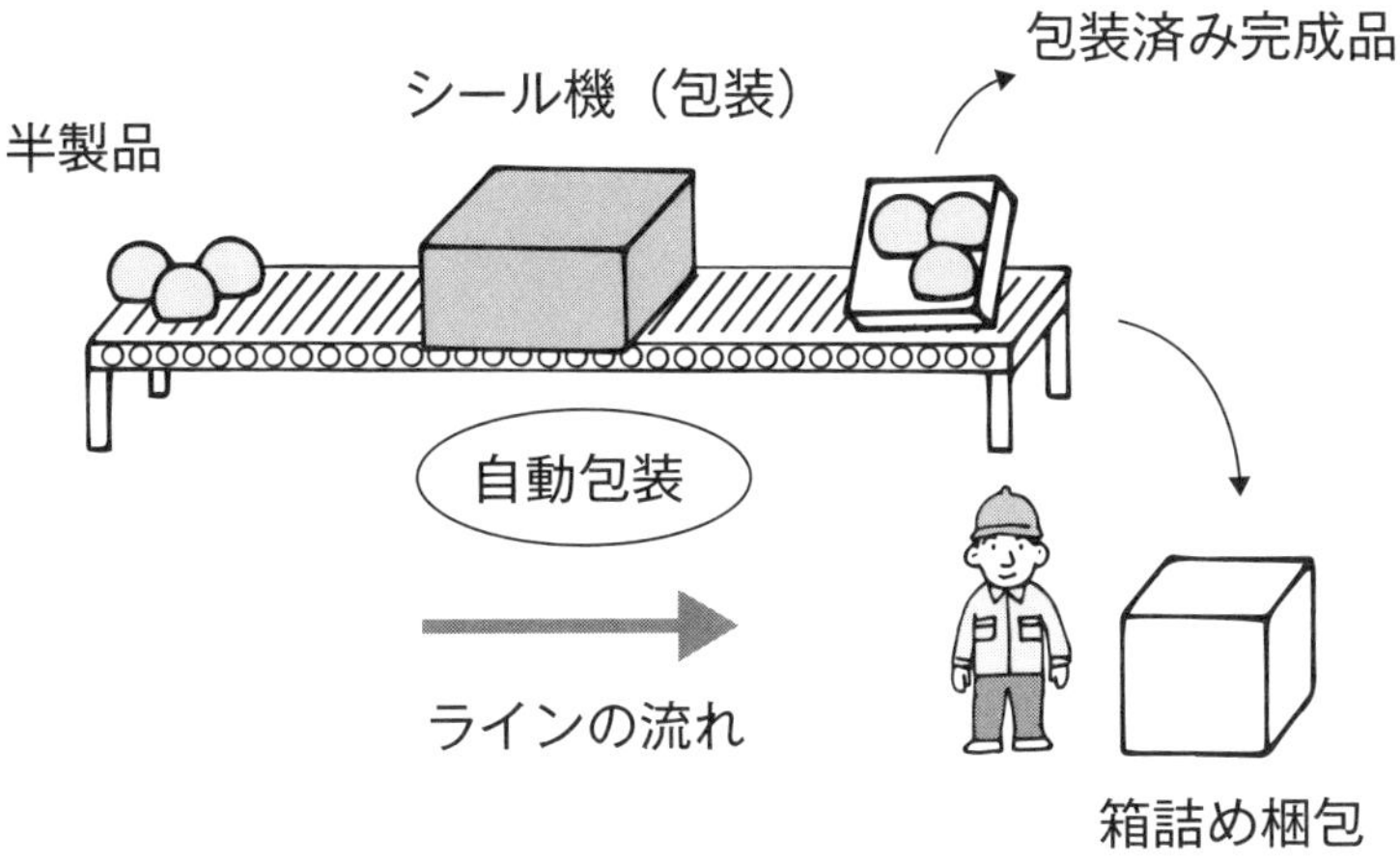

カイゼン前 包装ラインに２人配置

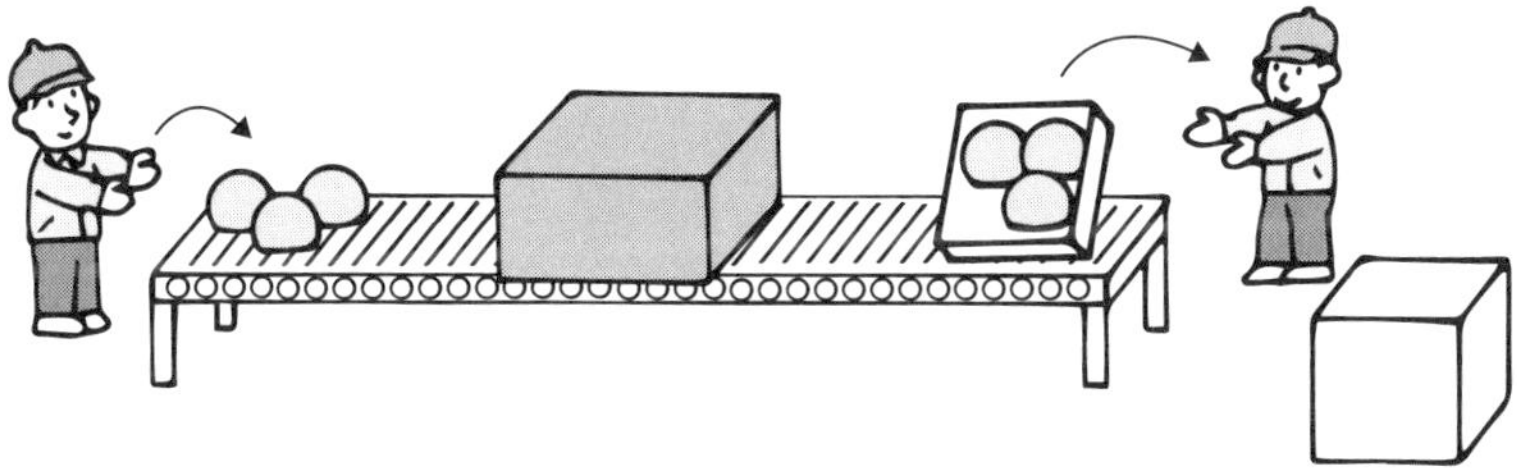

カイゼン後 １人での包装作業

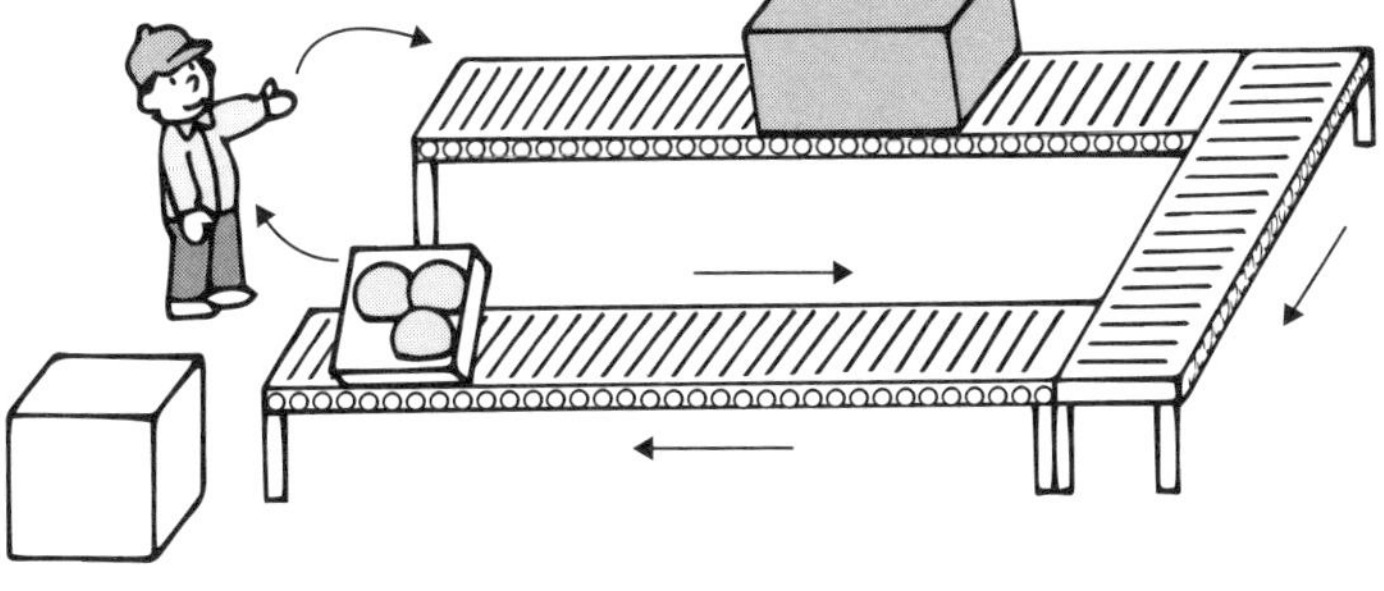

Section 9

事例紹介⑨ 建設部品工場
標準手持ちによる効率化

標準手持ちを活用しよう

●標準手持ち

建設部品組立を行なう工場におけるカイゼンの事例を紹介しよう。

K社は建設部品の組立を行なう工場である。

建設部品の組立工程は、

①下準備（溶剤を塗る）
②乾燥（2時間以上）
③組立（1個あたり1分）

という3つの作業が必要となる。

①から③までを1人が行なうと一番効率的なのだが、乾燥が入るため、下準備したものをいったん倉庫に保管し、組立するときに倉庫から取り出していた。

このため、下準備に1人、組立に1人の2名を配置し、倉庫保管するために、箱詰め、移動、そして、箱から取り出すという作業が発生していた。

そこで、標準手持ちによるカイゼンを行なった。

標準手持ちとは、**手待ちを発生させないように、あらかじめ仕掛品をつくっておくことだ。**

あらかじめ下準備（溶剤を塗って2時間以上乾燥させておく）した120個を用意しておく。これが標準手持ちである。

そして、組立する人は、まず自分で下準備を行ない、下準備したものを乾燥の場所に置いておく。

次に、標準手持ちとして用意した中から乾燥済みのものを1つ取り出して、組立を行なう。

組立工程では、1時間に60個できる。だから、120個をあらかじめ用意しておけば、2時間は問題なく（乾燥を気にせず）組立作業を行なえる。

120個の組立が完了する頃には、2時間が経過しているので、最初に下準備したものが乾燥している。この120個が次の組立に使えるのだ。

このカイゼンにより、下準備を専門に担当していた人も、組立作業を行なうようになった。

そして、箱詰め、倉庫間の移動、箱から取り出すという作業がなくなり、生産性が大きく向上した。

建設部品工場のカイゼン例

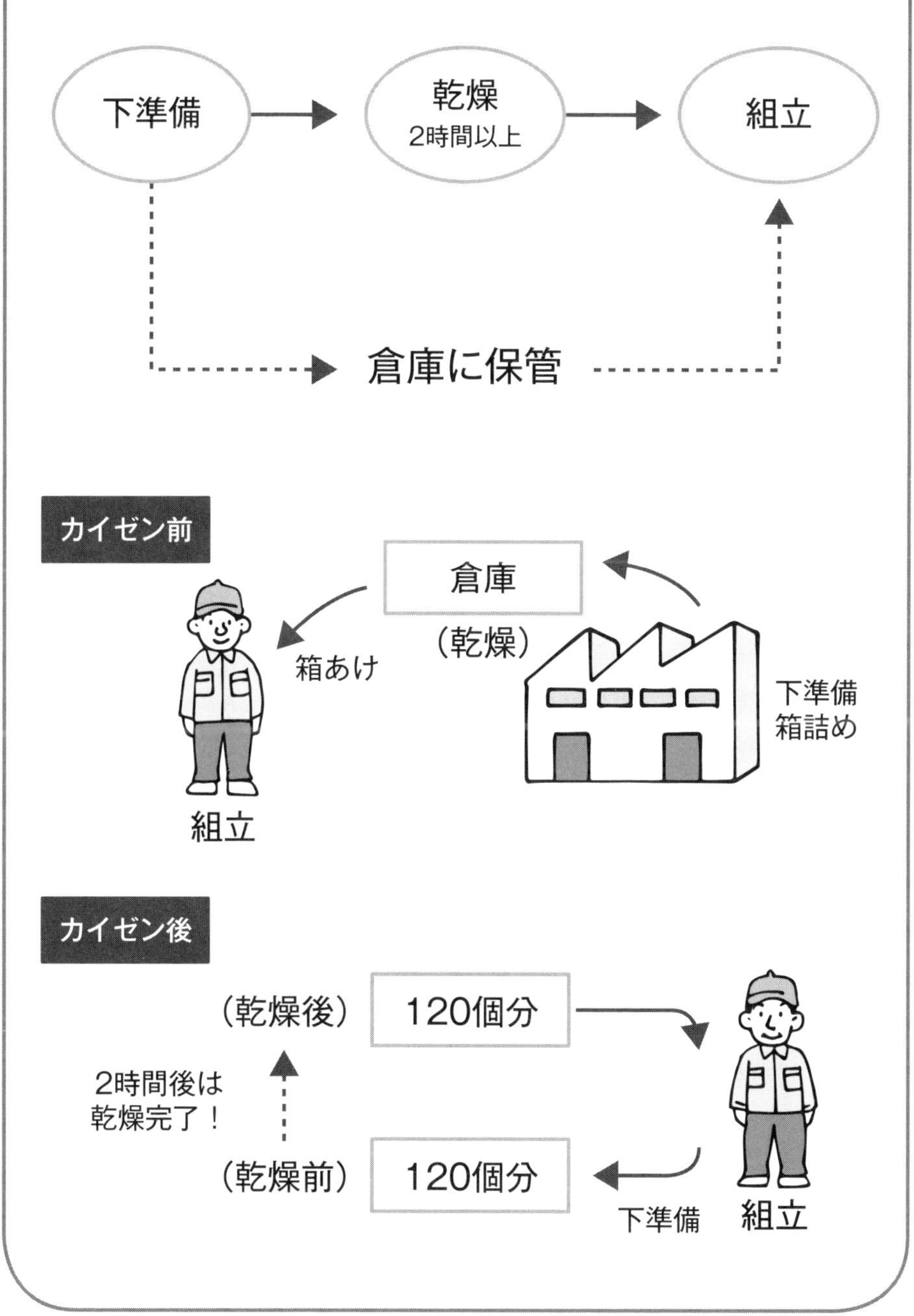

Section 10

事例紹介⑩ 精密部品工場

「物申す」による目で見る管理

出荷日を明確にしよう

●置き場の表示

精密部品加工を行なう工場におけるカイゼンの事例を紹介しよう。

E社は金属部品の製造を行なう工場である。

金属部品の製造工程は、NC機械による加工と検査である。金属部品加工は、機械のセット（プログラム設定と寸法調整）に非常に時間がかかる。

特に新規品の場合は数時間かかることもある。

だから、一度セットした機械で生産を開始したら、なるべく多く加工しておくのが効率的と考え、数カ月先の分まで加工してしまうこともある。

この結果、加工と検査の間に仕掛品が多くつくられることになる。

1つや2つの製品であればよいが、このような考え方で加工し続けると莫大な量の仕掛品ができてしまう。

実際には、数千万円規模の仕掛品がつくられており、結局、出荷されるのか、されないのか曖昧なものが多数発見された。

そこで、加工済みで検査待ちの仕掛品置き場をカイゼンすることになった。

カイゼン前は、単に「未検査品置き場」と表示された置き場に加工品を置いていた。とにかく加工済みのものはどんどん置かれていたのだ。

そこで、その表示を「本日検査品置き場」とし、本日検査するものと、そうでないものを分けた。

また、検査待ちの仕掛品には、カイゼン前は加工日だけが記載されていたところを、出荷予定日を記載するようにした。

そうすると、出荷予定日が決まっていないものをいかに多く加工していたかが明確になり、結果として検査待ちの仕掛品在庫が大幅に削減された。

「未検査品」と「本日検査品」は1文字しか違わないが、その意味は大きく異なる。

仕掛品には出荷予定日を記載するようにしよう。そして、「つくったもの を出荷する」のではなく、「出荷するものをつくる」という発想に切り替えよう。

精密部品工場のカイゼン例

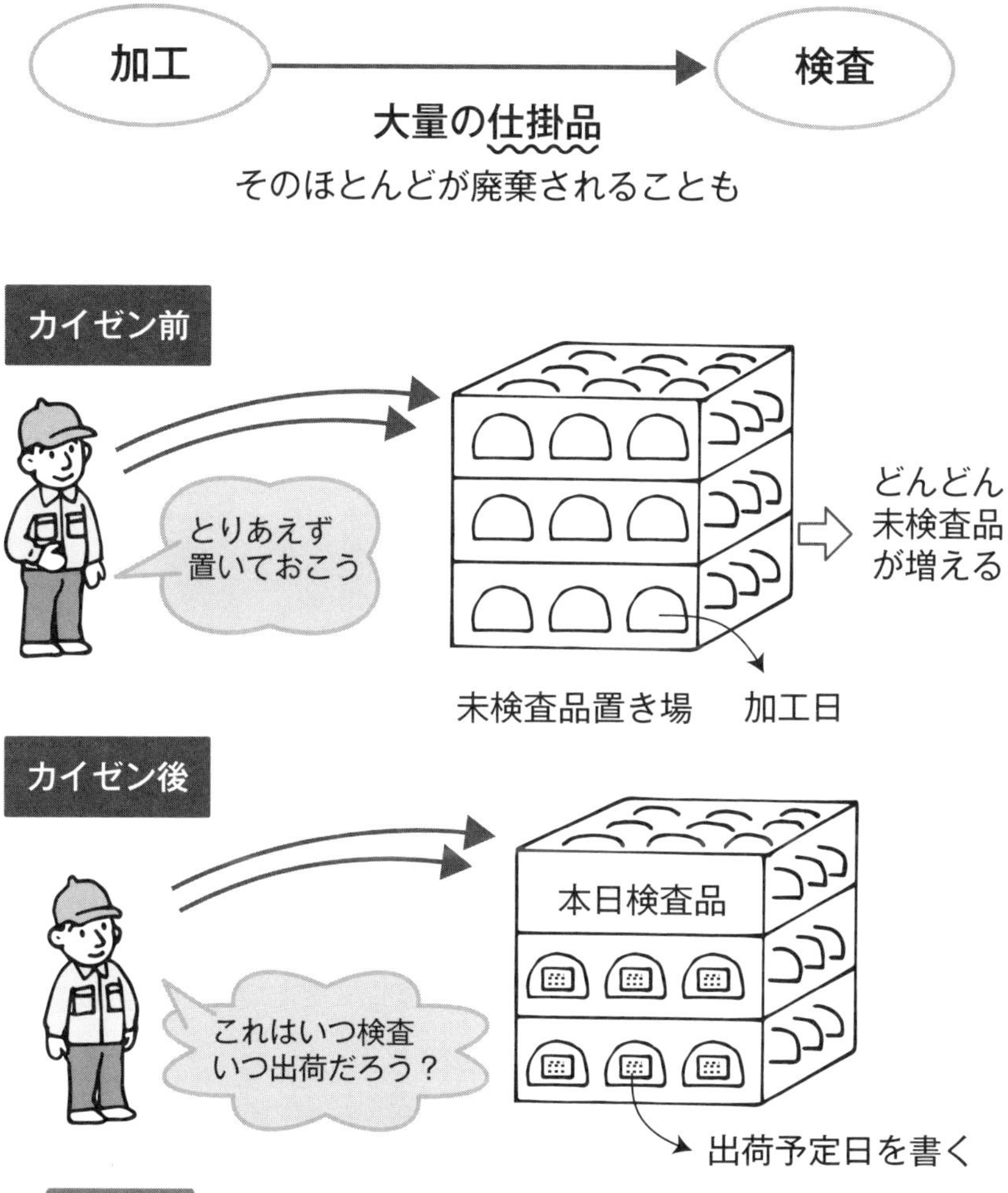

加工
検査
大量の仕掛品
そのほとんどが廃棄されることも
カイゼン前
とりあえず
置いておこう
どんどん
未検査品
が増える
未検査品置き場
加工日
カイゼン後
本日検査品
これはいつ検査
いつ出荷だろう？
出荷予定日を書く

POINT

もし、出荷予定日を過ぎて、まだ置いてあったら「おかしい！」と気づける

Section 11

事例紹介⑪ クリーニング工場
時間軸による生産性向上

日産計画書をつくる

●時間軸の作業指示

クリーニングを行なう工場における生産性向上の事例紹介をしよう。T社はクリーニングを行なう工場である。

T社の工場では、男性のスーツのズボンを加工する工程のカイゼンを行なった。

ズボンは、まず洗濯機で洗い、しわ取りと乾燥という加工を行なって、店舗に戻される。

この工場のズボン加工ラインは3つあり、各ラインに1名ずつ、合計3名がズボン加工を行なっていた。

1日に出荷するズボンの本数が80本ほどで、3名のズボン加工担当者が、通常は定時まで、たまに残業をして作業していた。

まず作業を観察し、ストップウォッチを使ってズボン1本を仕上げる時間を測定した。

すると、多少時間の誤差があるにせよ、おおむね1本のズボンを加工するのに1分かかることがわかった。

そこで、1本を1分として、**60本のズボンを1時間で加工する時間軸の作業指示書**を作成した。

具体的には、日産計画書（第5章4項）を作成した。

最初は、時間を決められて作業をすることに慣れず、やりにくそうだったが、3日ほど経つと、だんだん時間軸の作業に慣れてきた。そして、ほぼ計画通りに加工できるようになった。

カイゼン前は、3人で1日合計80本を加工していた。カイゼン後は、2人で合計900本ほど加工できるようになった。

ズボンの加工を急がせたり、加工の担当者にムリをさせて強引に生産高を上げたわけでもない。いつも通りに加工しているだけで、生産性が大きく向上したのだ。

なぜ、このようなカイゼン成果が出たのかというと、第2章4項で説明した「おばけ」が退治されたからだ。

時間軸の作業指示を出すだけで、生産性が上がる工程は多くある。ぜひ、時間軸で決めた指示を試してみよう。

クリーニング工場のカイゼン例

カイゼン前 とりあえず流れてきたズボンを
どんどん加工する

➡ 3人で1日800本の加工

カイゼン後 時間軸で加工する

※1時間で60本加工する
日産計画書

日産計画書

ズボン加工　○月△日			
	計画	実績	差
8：00〜10：00	120	110	▲10
10：10〜12：10	120	125	+5
13：00〜15：00	120	123	+3
15：10〜16：40	90	90	0
	450	448	

➡ 2人で1日約900本の加工

Section 12

事例紹介⑫ 金属加工工場

不良の撲滅カイゼン

不良発生の瞬間を観察する

●違いに着眼する

金属加工を行なう工場における品質不良撲滅の事例紹介をしよう。

Y社はアルミ棒を加工する工場である。

アルミ棒をバイトで切削加工するとき、アルミの切粉がアルミ棒の周りにからみつく。

100本中5本は、切粉がからみつくことでキズがつき、不良品になっていた。この不良のために、毎月大きな損失金額を計上していた。

この不良撲滅カイゼンにあたり、まず作業（不良が発生するところ）をじっくり観察した。

そして、第4章4項で解説したように、「なぜ、不良が発生したのか」と考えるのではなく、**「良品と不良ができるつくり方の違いは何か」**と考えた。

つまり、「なぜ、キズがついてしまうのか」と考えるのではなく、「キズがつく場合とつかない場合の違いは何か？」と考えたのだ。

切粉をじっくり観察してみると、きれいな切粉とザラザラした切粉が発見された。

そして、きれいな切粉はからんでもほとんどキズがつかないことが確認できた。

そこで、切粉の違いをさらに調べていくと、バイトのチップが摩耗しているときに切粉がザラザラすることがわかった。

解決策として、チップの摩耗基準を決めることで、きれいな切粉をつくることに成功した。

また、切粉が発生しても、からみつかなければキズができないという仮説を立てた。

実際に、エアーブローで切粉を飛ばすとからむことなく下に落ち、傷をつけることはほぼなくなった。

もし、「なぜ、キズがつくのか」という考え方をしていたら、このような解決策は出てこなかったし、キズ不良は「慢性不良」として扱われていただろう。**発想を変えると、結果が変わる**のだ。

金属加工工場のカイゼン例

カイゼン前

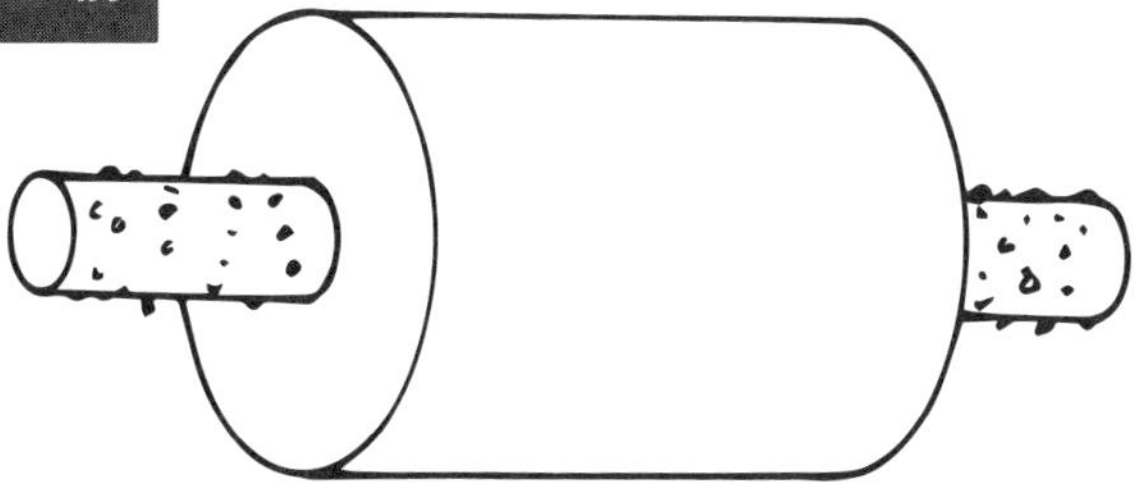

切粉がからみつき、キズがつく

カイゼン後

からみつく → キズがつく

からみつく → キズがつかない

この違いは何か？

➡ からみついてもキズがつかないようにするために、きれいな切粉をつくる

➡ 切粉がからみつかないようにするために、切粉をくっつけない（飛ばしてしまう）

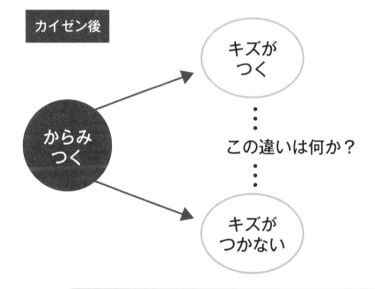

Section 13

事例紹介⑬ プラスチック製品工場

検査工程のカイゼン

リーダーは作業から離れてみよう

●リーダーの役割

プラスチック製品の製造を行なう工場における、検査工程の事例を紹介しよう。

S社はプラスチック製品を成形する工場である。

プラスチック製品の検査工程は、検査リーダーが1名、検査員が4名の合計5名が検査チームを組んでいた。

検査リーダーは、4名の検査員よりも速く正確に検査が行なえる。

そのため、検査リーダーは、常時検査作業を行なっていた。

検査作業は、検査員が未検査のダンボールを検査台に運び、検査をして、検査後は検査済みの置き場へ運ぶという流れであった。

カイゼン前は、5名が全員同じ検査作業を行なっていた。

カイゼン後は、検査リーダーが未検査ダンボールを検査台に運び、検査が終わったダンボールを検査済みの置き場に運ぶようにした。

また、検査リーダーは、検査員4名分の日産計画書（第6章4項参照）を作成して作業指示を出すようにした。

このカイゼンにより、検査チームの生産性が30％アップした。

なぜ30％もアップしたのかというと、4名の検査員の検査数量が大幅にアップしたからである。

カイゼン前は、検査員が自分で運搬も行なっており、どのダンボールを検査するか迷ったり、探したりしていた。

結果として、実際に検査をしている時間が短かったのだ。

しかし、カイゼン後は運搬がなくなったため、検査だけに集中し、日産計画書通りに検査するようになったのだ。

検査リーダーは、カイゼンする前は、絶対に自分が検査に入った方が生産性が上がると確信していた。

しかし、実際にカイゼンしてみて、**自分が運搬や検査員の管理を行なう方が生産性が上がる**と学んだ。

この検査リーダーが自らの考え方を変えたことこそ、カイゼンの最大の成果だろう。

プラスチック製品工場のカイゼン例

検査リーダーは検査作業に入るべきか入らないべきか？　どっちがよい？

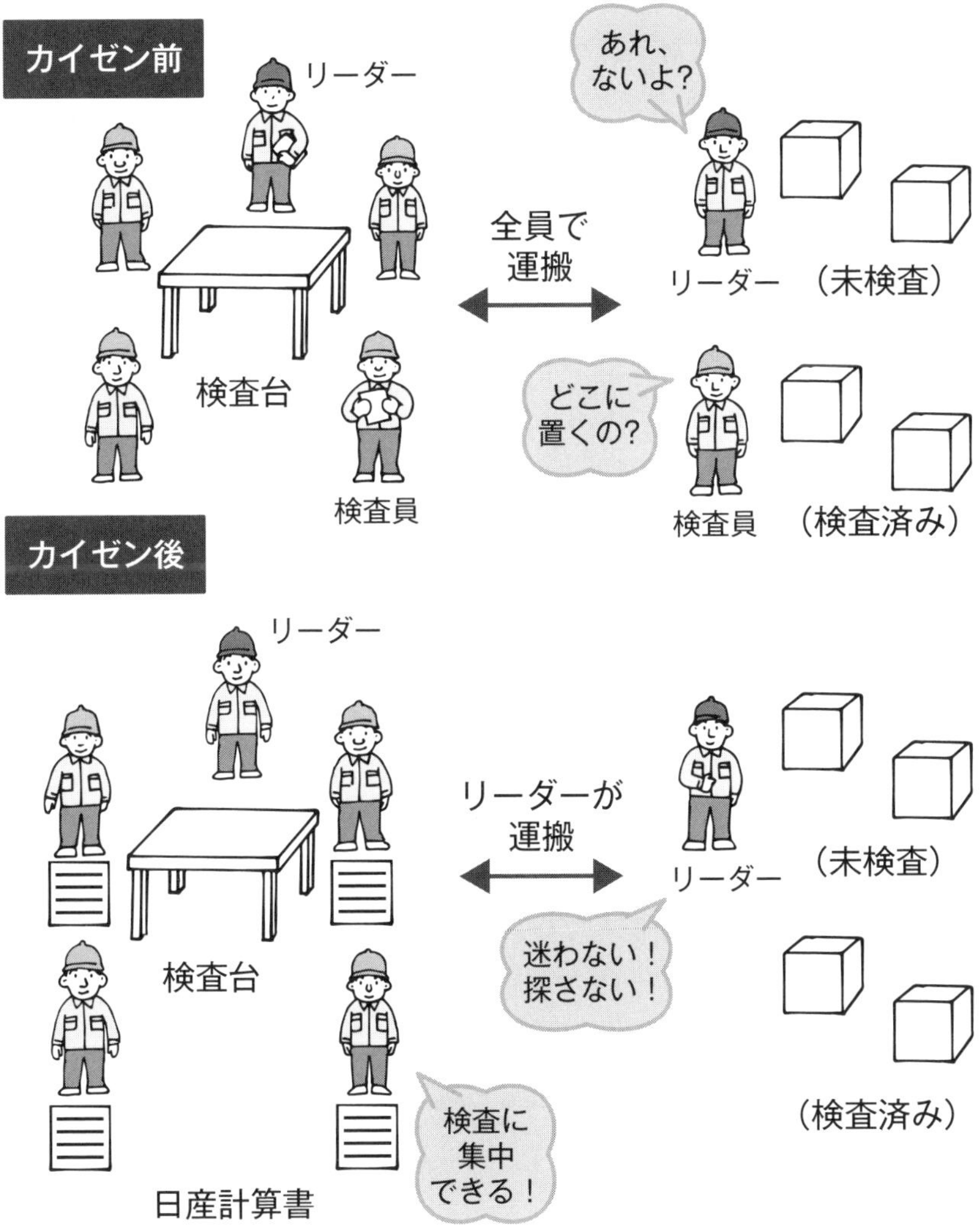

COLUMN 7

前提を変える

会社では様々な問題が日々起こる。

問題の種類はいろいろあるが、根本的な原因は人のミスによるものがほとんどではないだろうか。「勘違い」「思い込み」「チェック漏れ」「確認不足」等々、多くの問題の原因は、こういった人のミスに依存するものだ。

問題を再発させないようにするためには、今後の対策を考える。そのときの前提は、「ミスをしないようにするには、どうすればいいか」ということだ。

しかし、この前提を変えてみると、対策もガラッと変わる。それは、「ミスはするものだから、どうすればいいか」という前提だ。人間はミスをするということを受け入れてしまうわけだ。その上で、ミスをしたくても、ミスができないような方法を対策として考える。

こういった発想は、実は私たちの身近に応用されている。

例えば、

・電子レンジのスタートボタンは、扉を閉めなければ押せない

・車のエンジンスタートは、シフトがパーキングに入っていないと動かない

などといったことだ。

この前提を変えるという発想は、カイゼンにもたいへん有効である。カイゼンに行き詰まったら、カイゼンの方法ではなく、カイゼンの前提を変えてみよう。きっと、今まで見えていなかった対策が見えてくるに違いない。

付録

カイゼンがスムーズにいくサンプル集

付録① 本日のテーマ挑戦時間シート

本日のテーマ挑戦時間

平成　　年　月　日

氏名

取り組み時間	〔予定〕	〔実際〕
取り組み内容	〔予定〕	〔実際〕
気づいたこと、良かったこと、反省点等		

※創出時間は、最小限1～1.5時間確保する（時間帯は各自別々に決める）

※毎朝（または前日の終業時）自分で決め、上司の了解をとる

付録②

1日改善会の記録シート

テーマ：

第　回　1日改善会

1．テーマ選定の理由

2．日時と構成メンバー

3．目標と達成度

4．現状（詳細別紙）と問題点（悪さ）

5．主な改善点、常識打破、発見点（詳細別紙）

6．実施事項（いつから実施するか。注意ポイントは）

7．残された改善事項、問題点（いつまでに誰が責任を持ってやるか）

8．反省点、メンバーの感想、特記点

付録③

生産管理盤

状態	1号機	2号機	3号機	4号機	5号機	6号機
①						
②						
③						
④						
⑤						
⑥						

[状態]

① 生産計画………青ランプ・チャイム
② 稼働中…………白ランプ・チャイム
③ 製品異常………赤ランプ・チャイム
④ 機械故障………橙ランプ・チャイム
⑤ 材料支給………緑ランプ・チャイム
⑥ 段取り替え……黄ランプ・チャイム

付録④

標準作業組み合わせ票

部番・品名		標準作業組み合わせ票	作成日		作成者		必要数／日		▬ 手作業 ▪▪▪ 自動送り ― 歩行
工程			課				タクトタイム		

工順	作業名称	時間																												
		手	歩	送	10	20	30	40	50	60	70	80	90	100	110	120	130	140	150	160	170	180	190	200	210	220	230	240	250	260
1																														
2																														
3																														
4																														

付録⑤　現場速効観察チェックシート

1. 物の正常性 今、ここに置かれているのは“正常か”
2. 付加価値（お金）を生む仕事か
3. 人の配置に重複がないか（必要以上の人の配置をしていないか） ・自働化（機械が仕事をしているとき、人が監視していないか） ・動き、働き ・助け合いのしくみがあるか
4. 日産計画（時間軸で生産計画を示したもの）の作業進捗、“遅れ・進み管理”がされているか
5. ネック工程はどこか
6. 管理者・監督者が作業に埋没していないか
7. 作業動作に躍動感があるか 作業者への動機付けはされているか
8. 生産性の尺度が定められているか 出来高アップか省人か
9. 在庫状況と在庫からの出荷比率は
10. クレームや社内不良状況 管理者が出しているという認識があるか
11. 設備故障状況 故障復旧時間（MTTR）は決まっているか
12. 目で見る管理 ・出荷管理板 ・部材入荷管理板　等

付録⑥

顧客訪問報告書

会社名：

日時：

打ち合わせ内容：

営業担当

顧客の生の声（事実）

営業担当の見解（意見）

著者略歴

近江　堅一（おうみ けんいち）

技術士（経営工学）、生産コンサルタント
1962年日本大学理工学部電気科卒業。大手電気メーカー入社。32年間工場管理に従事。生産効率化推進部長、工場長、品質管理部長を歴任。この間、トヨタ生産方式の真の実践者より7年間（月1回）現場指導を受ける。およびデミング賞審査員より15年間方針管理（TQM）の指導を受ける。これをベースに工場改善を重ね、FL法（中小メーカー向けトヨタ生産方式）を確立。協力会社（15社）に適用して、FL法の経済効果を確認し、独立を決意した。1994年近江技術士事務所設立。生産コンサルタントとして工場改善指導に従事。
中小メーカー生産性指導300社・方針管理（TQM）指導40社・ISO9001認証取得指導35社・ISO9001審査398回（617日）・QCサークル指導50社。技術士（経営工学）、ISO9001主任審査員。
「トヨタに学びたければトヨタを忘れろ」シリーズ（日刊工業新聞社）など、著書多数。

近江　良和（おうみ よしかず）

中小企業診断士
1997年日本大学理工学部数学科卒業。大手コンピュータシステム開発会社、翻訳サービス会社で、12年間英語ソフトウェアの日本版制作に従事する。2009年近江技術士事務所に入所。生産性向上（FL法）指導、公的機関における経営支援やセミナー・講演に従事する。

■お問い合わせ　近江技術士事務所　http://www.omi-con.com

なるほど！　これでわかった
図解　よくわかるこれからのカイゼン

平成28年1月8日　初版発行

著　者 ―― 近江堅一、近江良和

発行者 ―― 中島治久

発行所 ―― 同文舘出版株式会社

東京都千代田区神田神保町1-41　〒101-0051
電話　営業03（3294）1801　編集03（3294）1802
振替00100-8-42935

ISBN978-4-495-53341-0
印刷／製本：萩原印刷　Printed in Japan 2016